Le français au bureau

Deuxième édition revue et augmentée

Le français au bureau

Deuxième édition revue et augmentée

Hélène Cajolet-Laganière

Cahiers de l'Office de la langue française

Gouvernement du Québec
Office de la langue française

Édition réalisée à
la Direction de l'édition,
Direction générale des
publications gouvernementales
du ministère des Communications
par Eugénie Lévesque

Graphisme :
Michel Gauthier
Luc Saucier
Mario Thivierge

Illustrations :
Daniel Deschênes

Photographie couverture :
Claude Bureau et associés inc.

Photocomposition :
Caractéra inc.

Remerciements

Nous tenons à remercier très sincèrement MM. Jean Darbelnet et Stéphane Tackels qui ont accepté de réviser cet ouvrage.

Nous exprimons aussi notre gratitude à Mmes Marguerite Montreuil et Françoise Hudon ainsi qu'à MM. Pierre Collinge, Guy W.-Richard et Denis Rousseau pour l'aide qu'ils nous ont apportée et les conseils qu'ils nous ont donnés dans l'élaboration de ce travail.

Nous désirons enfin assurer de notre reconnaissance les membres de la Commission de terminologie de l'Office de la langue française pour leurs avis judicieux concernant un certain nombre de points controversés.

Table des matières

Introduction

Le présent ouvrage a été préparé à l'intention du grand public et, plus particulièrement, des secrétaires et des employés de bureau. Les nombreux appels téléphoniques reçus aux différents services de consultation de l'Office de la langue française démontrent qu'il répond à un réel besoin.

La première partie traite des règles et des usages de la correspondance, comme la présentation de la lettre et du rapport, l'adressage de l'enveloppe ; divers exemples de rédaction administrative et des modèles d'adresses complètent et illustrent ce chapitre. La deuxième partie, portant sur la grammaire et le vocabulaire, relève les fautes les plus courantes relatives au code grammatical et au lexique usuel du français au bureau. De plus, un vocabulaire technique réunit quelque deux cents termes parmi les plus utilisés, concernant l'ameublement et le matériel de bureau ; les définitions ainsi que les équivalents anglais ont été omis et remplacés par des illustrations. Une troisième partie traite de quelques problèmes de la langue écrite, par exemple l'emploi de la majuscule, des sigles, symboles et abréviations et des signes de ponctuation. Quelques conseils relatifs au protocole téléphonique terminent cette dernière partie.

L'index des sujets traités ainsi que celui des termes illustrés figurent à la fin de l'ouvrage. Ils sont précédés d'une bibliographie thématique.

Si *Le français au bureau* veut faire le point sur une matière tant de fois traitée, c'est afin d'uniformiser la correspondance d'affaires. Il nous a parfois fallu choisir une solution parmi celles que l'usage offrait. Ce manuel ne prétend pas se substituer aux ouvrages plus détaillés qui sont mentionnés dans la bibliographie.

Sans vouloir épuiser un si vaste sujet, nous espérons avoir cerné l'essentiel des problèmes que soulève quotidiennement la correspondance commerciale ou administrative. Notre but est de présenter un outil de travail pratique en vue d'une utilisation immédiate.

Nous espérons donc que cette deuxième édition du *Français au bureau* répondra aux besoins de ceux qui cherchent un guide de correspondance facile à consulter et assez complet pour permettre de résoudre les problèmes les plus courants.

Correspondance d'affaires

Quelques définitions

Correspondance

Échange de lettres ; ces lettres elles-mêmes.

Courrier

Ensemble de lettres et d'imprimés que l'on reçoit ou que l'on envoie par la poste. Parmi les imprimés figurent le *journal,* la *circulaire* (lettre d'information imprimée ou reproduite à un certain nombre d'exemplaires), le *dépliant* (lettre, carte, recueil d'illustrations qui se présente sur plusieurs volets), le *prospectus* (annonce publicitaire imprimée) et le *catalogue* (liste, parfois illustrée, de marchandises sommairement décrites).

Lettre

Écrit que l'on adresse à quelqu'un pour lui communiquer ce que l'on ne veut ou ne peut lui dire oralement. Parmi les différents types de lettres, mentionnons :

l'*accusé de réception* (lettre dans laquelle le destinataire d'une lettre avise l'expéditeur que son envoi est parvenu à destination) ;

la *lettre de réclamation* (plainte formulée par écrit par une personne s'estimant lésée dans ses droits) ;

la *lettre de recouvrement* (lettre ayant pour but la récupération d'une créance) ;

la *lettre de démission* (lettre dans laquelle on se démet d'une fonction, d'une charge, d'une dignité, etc.) ;

la *lettre de recommandation* (lettre destinée à mettre en valeur les qualités d'une personne qu'on recommande à l'attention bienveillante du correspondant) ;

la *lettre de félicitations* (lettre dans laquelle on adresse des compliments à quelqu'un pour lui témoigner la part que l'on prend à ce qui lui arrive d'heureux) ;

la *lettre de convocation* (lettre dans laquelle on convoque ou invite quelqu'un à une entrevue, une réunion, une assemblée, etc.) ;

la *demande d'information* (lettre dans laquelle on demande des renseignements sur quelque chose ou quelqu'un) ;

la *demande d'emploi* (lettre dans laquelle on pose sa candidature à un poste ou un emploi) ;

l'*offre d'emploi* (écrit dans lequel un particulier, un organisme ou une entreprise sollicite des candidatures pour pourvoir un ou plusieurs postes vacants) ;

l'*offre de service* (texte dans lequel un particulier, un organisme ou une entreprise offre ses services pour exécuter des travaux ou fournir un bien) ;

l'*appel d'offres* (texte dans lequel un particulier, un organisme ou une entreprise demande des offres pour faire exécuter des travaux ou fournir un bien).

Procès-verbal

Document qui relate ce qui a été discuté et décidé au cours d'une séance. Sa rédaction est souvent une obligation officielle ou réglementaire, soumise à des conditions de forme particulières. Dans les procédures judiciaires, il ne peut être établi que par des personnes habilitées à le faire, à savoir des officiers de police judiciaire.

N. B. Le compte rendu présente un caractère moins officiel que le procès-verbal. Étant moins étroitement lié à l'ordre du jour, il peut être plus détaillé. À l'occasion, il prend une extension qui permet de le qualifier de compte rendu analytique ou de compte rendu *in extenso*.

Ordre du jour

Document donnant la liste des questions que le président (ou le bureau) propose d'aborder au cours de la séance et qu'il soumet à l'agrément de l'assemblée.

Bordereau de transmission

Formule qui précise la nature et la destination des documents qu'elle accompagne.

Disposition dactylographique

Trois styles différents caractérisent la présentation matérielle des éléments de la lettre. Les règles relatives à cette disposition dactylographique ne sont pas absolues. Néanmoins, afin de conserver une certaine uniformité et de faciliter la lecture de la lettre, il convient d'observer certaines règles concernant l'alignement des paragraphes. Notons :

la *lettre à un seul alignement* :

avec paragraphes où toutes les parties de la lettre sont alignées contre la marge de gauche ;

la *lettre à deux alignements* (voir p. 31) :

avec paragraphes où toutes les parties de la lettre sont alignées contre la marge de gauche, à l'exception de la date et de la signature ;

la *lettre à trois alignements* :

il s'agit de la forme classique à alinéas commençant à 4 cm (en moyenne) de la marge (voir p. 32). Nous préconisons ce type de disposition dactylographique parce qu'il facilite la lecture du texte et qu'il est bien équilibré visuellement. Aussi notre texte relatif à la présentation des éléments de la lettre (voir p. 19 à 30) adopte-t-il le modèle de lettre à trois alignements.

Présentation de la lettre

Voici les différents éléments qui composent essentiellement une lettre.

A. Préliminaires de la lettre

L'*EN-TÊTE* est l'indication imprimée de la raison sociale ou de la dénomination officielle de l'entreprise ou de l'organisme que représente l'expéditeur de la lettre. Il comprend généralement les éléments suivants : nom, adresse et numéro de téléphone.

Si l'identification complète de l'organisme contient plusieurs niveaux hiérarchiques, ceux-ci vont du général au particulier :

▶ Gouvernement du Québec
   Ministère des Affaires culturelles
   Direction des musées privés

Le *LIEU* et la *DATE* sont des mentions essentielles dans la lettre d'affaires. Ils figurent dans l'angle supérieur droit et ne sont pas abrégés.

Il est à noter qu'on met une virgule entre les deux éléments, que le nom du mois ne prend pas la majuscule et qu'il n'y a pas de point après le millésime :

▶ Sherbrooke, le 10 janvier 19 . .

Cependant, si l'en-tête imprimé sur le papier de correspondance fait déjà état du lieu de départ de la lettre, on peut omettre la mention de lieu :

▶ Le 10 janvier 19..
Le mercredi 10 janvier 19..
et non Mercredi, le 10 janvier 19..

N. B. On ne met jamais de virgule entre le jour et la date ou entre le mois et le millésime.

Les *indications relatives à la nature et au mode d'acheminement de la lettre* comme *PERSONNEL, CONFIDENTIEL, RECOMMANDÉ,* etc., se mettent à gauche de la page, vis-à-vis des mentions de lieu et de date. Elles sont au masculin, en lettres majuscules, et soulignées.

Le *nom,* le *titre* et l'*adresse* du destinataire (la **vedette**) s'inscrivent contre la marge de gauche, quelques interlignes plus bas que les mentions de lieu et de date.

N.B. En ce qui concerne la façon de présenter l'en-tête, de même que la vedette, le lecteur pourra se référer aux observations relatives à l'inscription de l'adresse sur l'enveloppe (voir p. 66 à 73) :

▶ Monsieur Jean Lefrançois
Président de la Chambre de commerce
1580, rue Ménard, app. 13
Sherbrooke (Québec)
J1H 2F3

La mention *À L'ATTENTION DE* se place également à gauche, au-dessous de la vedette, mais au-dessus des mentions de référence. Elle est généralement soulignée. Sans être fautive, la mention *compétence de* est peu usitée.

Les *RÉFÉRENCES* sont des indications essentielles pour le classement et la consultation du courrier. Il s'agit généralement d'un groupe de lettres ou de chiffres qui ont pour objet de classer le document. Parmi les références les plus usuelles, citons : *Votre référence*, que l'on abrège en *V/Référence, V/Réf. ou V/R.* Cette référence correspond habituellement au numéro de dossier attribué par le destinataire et selon lequel la lettre sera classée à la réception. *Votre lettre du ... (V/lettre du ...)* renvoie à la lettre ou à la demande à laquelle on donne suite. *Notre référence (N/Référence,*

N/Réf. ou *N/R)* indique le numéro de dossier de l'expéditeur. Ces mentions se mettent contre la marge de gauche, quelques interlignes au-dessous de la vedette :

▶ N/Réf. : TVA-4806

La mention **OBJET** présente en quelques mots le contenu de la lettre. Cette mention est facultative, mais très utile pour la compréhension rapide du texte et le classement. Elle s'inscrit au centre de la page, sous la vedette et les références, mais au-dessus de l'appel. La mention de l'objet prend généralement la majuscule initiale et est soulignée :

▶ Objet : Crise de l'énergie

Les mentions *RE, Concerne* et *Sujet* sont à éviter.

B. Corps de la lettre

Cette partie commence toujours par une formule de civilité, l'**APPEL,** qui varie selon la personne à qui l'on s'adresse. Dans la correspondance commerciale, les **formules d'appel** les plus usuelles sont **Madame, Mademoiselle, Monsieur.** On ne peut ajouter l'adjectif **cher** dans la formule d'appel que si l'on connaît déjà bien son correspondant, si l'on entretient avec lui des relations d'affaires depuis un certain temps, ou encore s'il s'agit d'un ami. Si l'on s'adresse à une femme et que l'on ignore si elle est mariée ou non, on l'appelle **Madame.**

On ne doit pas faire suivre le titre de civilité du nom de la personne à qui l'on écrit. Les formes **Madame Villeneuve, Mademoiselle Durand, Monsieur Dubois, Cher Monsieur Dubois** sont donc à éviter.

Lorsque l'on écrit à une compagnie, une société, une association sans savoir le nom de la personne qui lira la lettre, on utilise la tournure impersonnelle **Mesdames, Messieurs** comme formule d'appel, et non **À qui de droit.** Cette dernière formule est en effet réservée au domaine juridique ou, exceptionnellement, pour présenter une attestation ou une lettre de recommandation, écrite à la demande de quelqu'un qui ne sait pas encore auprès de qui il en fera usage. Avec la mention **À l'attention de,** la formule d'appel à utiliser est, selon le cas, **Monsieur, Madame** ou **Mademoiselle.**

L'appel s'inscrit à gauche et est aligné contre la marge.

Les titres et fonctions prennent une majuscule et ne doivent jamais être abrégés. L'appel est toujours suivi d'une virgule.

Dans le cas d'une femme, l'Office de la langue française recommande, relativement au genre des appellations d'emploi, l'*utilisation des formes féminines* dans tous les cas possibles.

La *LETTRE ELLE-MÊME* se présente en plusieurs paragraphes qui développent chacun une idée distincte. Le premier paragraphe sert d'introduction et établit le contact avec le correspondant. Les paragraphes qui suivent exposent l'essentiel du message que l'on désire transmettre. Le dernier paragraphe sert de conclusion. Il est suivi de la salutation finale.

La *SALUTATION* est une formule de politesse qui permet de terminer une lettre de façon courtoise : cette formule doit être simple, adaptée à la qualité du correspondant et à la nature des relations que l'on entretient avec lui. La formule d'appel doit être reprise exactement dans la salutation. Si une lettre commence par *Monsieur le Président,* la salutation reprendra cette expression : *Veuillez agréer, Monsieur le Président, l'expression de ma considération distinguée.* Les formules brèves telles que *Amicalement, Toutes mes amitiés, Amitiés, Cordialement, Votre dévoué, Meilleurs souvenirs, Affectueux souvenirs, Votre tout dévoué, Bien vôtre, Salutations distinguées,* etc., sont plutôt réservées aux notes brèves ; dans la correspondance commerciale et administrative, elles sont à éviter. Quant aux expressions *Sincèrement vôtre, Cordialement vôtre,* elles sont à rejeter.

Dans les formules de salutation, le mot *sentiments* se compose avec *l'expression de . . ., l'assurance de . . .,* alors que le mot *salutations* doit être introduit directement par les formes verbales :

▶ Veuillez agréer, Madame, l'expression (l'assurance) de nos meilleurs sentiments.

Veuillez agréer, Madame, nos plus sincères salutations.

La formule *je vous prie..., nous vous prions...* doit toujours être utilisée lorsque la conclusion commence par un participe présent ou une proposition circonstancielle :

Vous remerciant de votre aimable invitation, je vous prie de croire, Monsieur, à mon souvenir le meilleur.

À titre d'indication, voici un tableau groupant les *PRINCIPALES FORMULES D'APPEL ET DE SALUTATION* :

▶ Recevez, Agréez,	Monsieur, Madame, Mademoiselle,	mes salutations distinguées. l'assurance de mes meilleurs sentiments. l'expression de mes sentiments les meilleurs.
Veuillez agréer, Je vous prie d'agréer,	Docteur et Madame, Monsieur le Ministre et Madame, Madame la Députée et Monsieur,	l'assurance de ma considération (très, la plus) distinguée.

Si l'on connaît bien le correspondant :

▶ Recevez, Agréez,	chère Madame, chère Mademoiselle, cher Monsieur,	l'expression de mes sentiments les meilleurs.
Veuillez agréer,	Madame et chère amie, Monsieur le Directeur et cher ami, cher confrère, chère collègue, cher Docteur, cher Maître,	l'expression de mes sentiments (très, les plus) dévoués (cordiaux, amicaux).

Si le destinataire a un titre :

▶ Recevez,	Maître,	l'assurance de
	(Monsieur le) Docteur,	mes sentiments
Agréez,	Monsieur le Directeur,	(très, les plus)
	Madame la Présidente,	distingués.
Veuillez	Monsieur le Juge,	l'assurance de ma
agréer,	Madame la Députée,	considération
	Monsieur le Sénateur,	(très, la plus)
	Madame la Ministre,	distinguée.
Je vous prie	Monsieur le Premier	l'assurance de ma
d'agréer,	ministre,	haute
	Monsieur l'Ambassadeur,	considération.
	Monsieur le Consul,	
	Monsieur l'Abbé,	l'expression de
	Monsieur le Curé,	ma plus haute
	Révérende Sœur,	considération.
	Révérend Père,	
	Monseigneur,	mes sentiments
	Excellence,	(très, les plus)
	Éminence,	respectueux.

Quelques formules usuelles d'introduction

En réponse à votre lettre du . . . par laquelle . . .

Pour faire suite à nos précédentes lettres vous informant . . .

À la suite de l'annonce parue dans le journal . . ., j'aimerais . . .

En réponse à votre demande de renseignements relative à . . ., nous vous faisons parvenir sous ce pli . . .

En réponse à votre demande d'emploi, nous avons le plaisir de vous informer . . .

N. B. La formule *Il me fait plaisir de . . .* est à éviter.

J'accuse réception de votre aimable invitation . . . et c'est avec plaisir que . . .

Nous vous remercions vivement de l'empressement avec lequel . . .

Nous avons reçu ce matin votre commande et nous vous en remercions.

Nous désirons vous informer que . . .

Nous avons été très surpris d'apprendre, par votre lettre du . . ., que . . .

Vous trouverez ci-joint un dépliant . . .

C'est avec grand plaisir que nous avons appris que . . .

Nous sommes heureux de vous faire part de la nomination . . .

Je suis au regret de vous annoncer . . .

Qu'il nous soit permis de vous faire part de notre décision quant à . . .

Le problème dont vous nous entretenez dans votre lettre du . . .

Nous vous transmettons, à toutes fins utiles, une photocopie de . . .

Nous avons pris connaissance de votre projet concernant . . . et désirons vous informer que . . .

Quelques formules usuelles de conclusion

Espérant que vous pourrez donner une suite favorable à ma demande, je vous prie . . .

J'espère que ces quelques renseignements sauront vous satisfaire et je vous prie de croire . . .

Qu'il nous soit permis d'espérer que . . .

Nous espérons que . . . sont à votre satisfaction et vous prions de croire . . .

Je vous serais très obligé, en terminant, d'accuser réception de ma demande dans les plus brefs délais.

Nous vous saurions gré de bien vouloir nous faire parvenir ces renseignements dans les plus brefs délais.

Veuillez nous confirmer votre présence à cette réunion par retour du courrier.

Veuillez nous retourner dans les quinze jours le formulaire ci-joint dûment signé.

En vous remerciant de l'accueil que vous nous avez réservé, nous vous prions d'agréer . . .

Avec nos remerciements anticipés, nous vous prions de . . .

Nous attendons impatiemment votre réponse et vous prions de . . .

Dans l'attente de votre décision, je vous présente mes salutations distinguées.

Regrettant de ne pas être en mesure de donner suite à votre proposition, nous vous prions . . .

La *SIGNATURE* se met à droite, à quelques interlignes plus bas que la formule de politesse qui termine la lettre. Dans la correspondance commerciale et administrative, le nom est dactylographié au-dessous de la signature manuscrite. De plus, si le signataire occupe une fonction particulière (un poste de direction), celle-ci est indiquée au-dessus de la signature :

▶ Le coordonnateur de l'action générale,

Louis Gervais

Louis Gervais

La directrice des relations publiques,

Fernande Gagnon

Fernande Gagnon

N. B. L'emploi des majuscules dans les titres de fonctions n'est pas rigide.

Dans le cas d'un poste partagé par plusieurs titulaires, la fonction ou la profession est mentionnée après la signature :

▶ *Pierre Fournier*

Pierre Fournier,
technicien en information

Pierre Proulx

Pierre Proulx, ingénieur
Service de la programmation

Il est cependant à noter que, dans les deux cas, on met une virgule entre le nom du signataire et la fonction de ce dernier.

Lorsque celui qui signe la lettre agit officiellement au nom et à la place de l'autorité qui adresse la communication, il doit faire précéder sa signature de la mention *p.p.* (par procuration) :

▶ Le directeur de l'information,

p.p. *Jacques Lesieur*

Jacques Lesieur

Un subordonné autorisé par son supérieur à signer en son nom doit écrire *pour* devant la mention de la fonction ou du titre de son supérieur :

▶ Pour le coordonnateur de l'action générale,

Pierre Hamelin

Pierre Hamelin

On doit éviter d'écrire *par* devant le nom du signataire.

C. Compléments de la lettre

Les *INITIALES D'IDENTIFICATION* se mettent à gauche au bas de la page, sur la même ligne que la signature dactylographiée.

Les initiales du rédacteur, généralement le signataire, sont indiquées par convention en lettres capitales et celles de la secrétaire en lettres minuscules, les deux groupes d'initiales étant séparés par un trait oblique :

▶ HL/cr

Si la lettre comprend deux rédacteurs ou plus, généralement les signataires, on met les initiales de ces derniers :

▶ RP/JT/cc

Dans le cas où la lettre a été rédigée par une personne autre que le signataire, on peut, si on le juge à propos, inscrire les initiales du signataire, du rédacteur et de la secrétaire :

▶ RP/JC/lm

Les *PIÈCES JOINTES* sont des documents (factures, curriculum vitae, relevés de notes, procès-verbaux, etc.) que l'on ajoute à une lettre. Dans ce cas, il faut indiquer au bas de la page, sous les initiales d'identification, la mention p.j. (pièce jointe), ainsi que l'énumération de ces pièces ou le nombre de documents annexés :

▶   p.j. 2 relevés de notes
         1 curriculum vitae

     p.j. (2)

COPIE CONFORME. Cette mention a pour objet d'informer le destinataire qu'une copie de cette lettre a été envoyée à certaines personnes.

La mention c.c. (copie conforme), suivie du nom de ces personnes, s'inscrit au-dessous des initiales d'identification et de la mention pièce jointe :

▶   c.c. M. Pierre Lajoie

     c.c. M. Pierre Lajoie
         Mme Jeanne Lefebvre

TRANSMISSION CONFIDENTIELLE. Cette mention se met non sur l'original mais sur la copie seulement, lorsque celle-ci est destinée à une tierce personne, à titre confidentiel, et ce, à l'insu du destinataire d'origine.

N. B. Il est préférable d'écrire *transmission confidentielle* en toutes lettres.

Le *POST-SCRIPTUM* est ce que l'on ajoute à une lettre, après la signature, afin d'attirer l'attention du correspondant sur un point important ; il ne doit cependant pas servir à réparer un oubli :

▶   P.-S. — L'utilisation du code de procédure Morin est indispensable au bon déroulement de la séance.

DEUXIÈME PAGE. Si la lettre comprend plus d'une page, on inscrit dans l'angle inférieur droit de la première page l'indication ...2 pour signifier que le texte continue sur la page suivante. La deuxième feuille et les suivantes ne reproduisent généralement pas l'en-tête. Afin de faciliter le classement du courrier, certains recommandent de répéter le nom du destinataire contre la marge de gauche, le numéro de la page au centre et l'expression alphanumérique de la date contre la marge de droite :

▶ Monsieur Paul Comtois   -2-   Le 11 mars 19..

N. B. Il faut éviter de placer sur la deuxième page uniquement la formule de salutation et la signature. En outre, si l'on doit diviser un paragraphe, celui-ci doit compter au moins deux lignes sur la première page et deux lignes sur la page suivante.

Division des mots

Même si la disposition dactylographique demande une marge aussi soignée que possible, on ne doit cependant pas diviser un mot de façon arbitraire. En général, il faut s'en tenir aux règles de l'épellation (division syllabique) :

▶ cou/pure
  ren/sei/gne/ment
  na/tio/nale
  obses/sion
  in/no/cence
  ré/demp/tion

Cependant, il faut éviter de diviser un mot de moins de quatre lettres, et un mot qui comprend déjà un trait d'union doit être divisé à ce trait d'union. Il faut également éviter de couper le dernier mot qui termine une page impaire ou de séparer la première lettre du reste du mot.

De plus, *il faut éviter de diviser* :

— un *mot* avant ou après un *x* ou un *y* quand ces lettres sont placées entre deux voyelles :

▶ royauté
  clairvoyance
  existence

— un mot après une apostrophe :

▶ aujourd'hui
  presqu'île

De même, on ne doit pas séparer un nom propre des abréviations de titres honorifiques ou de civilité, ou des initiales qui le précèdent :

▶ Mlle Louise Beaupré
    J.-J. Rousseau

— ni les nombres composés en chiffres ou suivis d'un nom, les pourcentages, les dates, les sigles, etc. :

▶ 250 000 habitants
    30 %
    2 pour 100
    le 16 novembre 19 . .
    B.N.Q.

Par contre est permise la coupure entre nom et prénom.

Dans le cas des verbes construits avec inversion du pronom, la coupure doit se faire avant le *t* euphonique (pense-/t-il). Elle n'est pas autorisée dans le cas des verbes en *er* à la deuxième personne du singulier de l'impératif suivis de *en* ou *y* (vas-y).

Enfin, la division des mots étrangers s'effectue selon les règles de la langue étrangère.

Numération

Dans la correspondance, on se sert de chiffres pour les adresses, les dates (sauf dans les textes juridiques et les invitations officielles), l'heure, les poids et mesures, les nombres décimaux et les fractions décimales, les pourcentages, les sommes d'argent, les numéros qui suivent les mots *page, paragraphe, volume, chapitre,* etc., de même que les numéros d'articles de journaux, de codes ou de lois.

Dans le corps d'une lettre, l'heure est notée en chiffres de 0 à 24, suivis du symbole h qui précède l'indication des minutes :

▶ à 14 h, à 20 h 30

N. B. Le symbole h est toujours précédé et suivi d'un espace.

On notera que les nombres s'écrivent en toutes lettres dans les actes juridiques.

Exemples de correspondance d'affaires

A. Divers types de lettres

Lettre à deux alignements

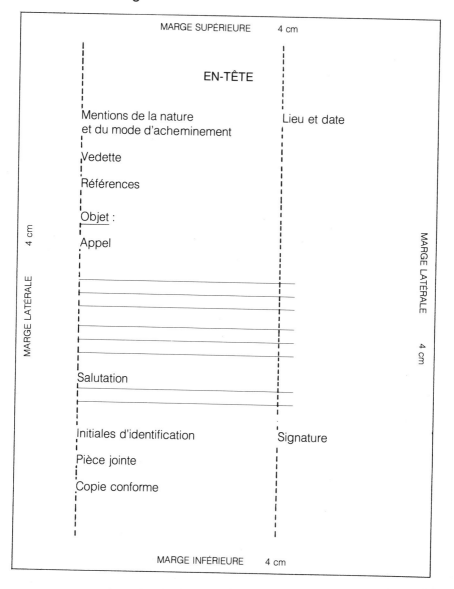

Lettre à trois alignements

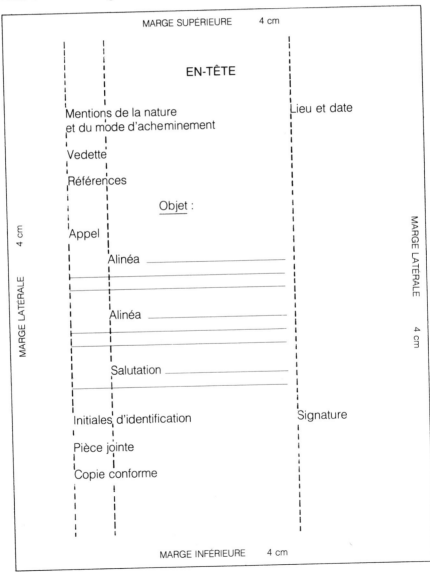

Réponse à une offre d'emploi

Sherbrooke, le 3 juillet 19. .

Monsieur Jacques Lemelin
Directeur du personnel
Éditions François inc.
26, rue Dubreuil
Sherbrooke (Québec)
J1H 4Z1

Monsieur le Directeur,

En réponse à l'offre d'emploi insérée dans le journal *Le Devoir* du 2 juillet 19. ., permettez-moi de vous offrir mes services comme secrétaire.

Le poste actuellement offert répond à mes goûts et je crois posséder les qualités et l'expérience requises pour bien faire ce travail. Vous pourrez le constater en prenant connaissance de mon curriculum vitae, que je joins à cette lettre.

J'ose espérer que ma demande d'emploi retiendra votre attention et que vous voudrez bien m'accorder une entrevue lorsque vous le jugerez à propos. Je peux me présenter à vos bureaux n'importe quel jour de la semaine.

Veuillez agréer, Monsieur le Directeur, mes salutations distinguées.

Pascale Lemieux
Pascale Lemieux

p.j. Curriculum vitae

Curriculum vitae

CURRICULUM VITAE
Renseignements personnels

Nom : **LEMIEUX**
Prénom : Pascale
Adresse : 80, rue Jacques-Cartier, app. 10
          Sherbrooke (Québec)   J1H 1Z8
Numéro de téléphone au domicile : 569-4460
                     au bureau : 569-5276
Date et lieu de naissance : 7 mai 1953, Lambton, Frontenac
Langue maternelle : français
Autres langues : anglais (lu, parlé, écrit)
                espagnol (parlé, lu)
Situation de famille : célibataire

Études

Études commerciales
Smith Business College, 117, rue Notre-Dame, Hull (Québec),
année 1971-1972 (perfectionnement en secrétariat bilingue).
Diplôme de fin d'études.

Études secondaires
École Saint-Dominique, 108, rue Saint-François,
Sherbrooke (Québec), 12ᵉ année, option sciences-lettres,
de 1966 à 1970.

Expérience
Je travaille depuis septembre 19.. à la Société générale d'accessoires électriques des Bois-Francs comme sténodactylographe bilingue. Mon salaire est de 12 500 $.

Auparavant, durant l'été qui a suivi la fin de mes études, soit à partir de juin 1972, j'avais occupé un emploi d'été de trois mois à la Société de crédit Malibut de Sherbrooke, à titre de commis-dactylographe. En plus de mon travail de dactylographie, j'étais chargée de dépouiller le courrier et de le classer.

Distractions préférées
J'ai suivi un cours de poterie ainsi que des cours d'expression corporelle. Je pratique plusieurs sports comme le tennis, la natation et le ski ; j'aime beaucoup la lecture et la danse.

Références

M. Pierre Fréchette
Directeur de l'École de secrétariat de Sherbrooke
74, rue Frontenac
Sherbrooke (Québec)
J1H 1Z4

M. Gérard Doyon
Directeur du personnel
Société générale d'accessoires électriques
des Bois-Francs
708, rue Galt
Sherbrooke (Québec)
J1H 1Z3

Convocation à une entrevue

Sherbrooke, le 20 juillet 19..

Mademoiselle Pascale Lemieux
80, rue Jacques-Cartier, app. 10
Sherbrooke (Québec)
J1H 1Z8

Mademoiselle,

Nous avons reçu votre demande d'emploi du 3 juillet
dernier et nous l'avons examinée avec attention.

Nous avons le plaisir de vous annoncer que votre nom
figure sur la liste des meilleurs candidats que nous avons
sélectionnés.

Nous vous convoquons donc à une entrevue pour le
jeudi 30 juillet à 14 h, dans la salle de conférences de notre
entreprise, 26, rue Dubreuil, à Sherbrooke.

Recevez, Mademoiselle, l'assurance de nos meilleurs
sentiments.

Le directeur du personnel,

Jacques Lemelin

JL/dm   Jacques Lemelin

Offre de service

Montréal, le 5 juillet 19. .

Monsieur Jean Beaudry
Directeur du personnel
Commission scolaire régionale
de l'Estrie
40, boulevard Saint-Laurent
Sherbrooke (Québec)
J1L 3Z2

Monsieur le Directeur,

Permettez-moi de poser ma candidature au poste d'agent de bureau à la Commission scolaire régionale de l'Estrie.

Je joins à cette demande d'emploi mon curriculum vitae. Quant aux pièces justificatives, je m'engage à vous les fournir sur demande. Si ma candidature retient votre attention, je peux me présenter à vos bureaux pour une entrevue les lundi, mardi et mercredi, entre 9 h et 16 h 30.

Je tiens à vous assurer que ce poste m'intéresse vivement et je crois avoir les qualités requises pour accomplir le travail exigé.

Veuillez agréer, Monsieur le Directeur, l'expression de mes sentiments distingués.

Louis Lebrun

LL/mr

p.j. Curriculum vitae

Acceptation d'une candidature

Magog, le 6 août 19..

Mademoiselle Jeannine Barbeau
3e Rang
Route rurale n° 1
Saint-Pierre, Montmagny
(Québec)
G1R 2W9

Mademoiselle,

J'ai le plaisir de vous informer que vous avez réussi l'examen oral subi devant quatre membres du Conseil de direction de notre entreprise.

La date de votre entrée en fonctions comme relationniste a été fixée au lundi 4 septembre, à 8 h 45. Vous serez alors reçue par le directeur adjoint du personnel, M. Pierre Forget, qui vous présentera aux chefs de service ainsi qu'à vos futurs collègues.

Votre assentiment nous est sans doute acquis. Vous nous obligeriez cependant en voulant bien nous le confirmer par écrit.

Veuillez agréer, Mademoiselle, nos salutations distinguées.

Le directeur du personnel,

Philippe Picard

PP/ac

Confirmation de l'acceptation d'un poste

Saint-Pierre, le 10 août 19. .

Monsieur Philippe Picard
Directeur du personnel
Caravanes laurentiennes inc.
1012, rue des Érables
Magog (Québec)
J1X 5A9

Monsieur le Directeur,

      J'ai été heureuse de recevoir votre récente lettre m'informant de mon entrée en fonctions au Service des relations publiques de votre entreprise.

      À la suite de votre demande, je vous confirme donc que je me présenterai au bureau de M. Pierre Forget à la date et à l'heure indiquées.

      Je vous remercie de la confiance que vous m'accordez et vous assure de mon entière collaboration.

      Veuillez agréer, Monsieur le Directeur, mes salutations distinguées.

Jeannine Barbeau

JB/ln

Réponse défavorable à une demande d'emploi

Rimouski, le 23 septembre 19. .

Mademoiselle Josée Lafleur
26, rue de Hollande
Magog (Québec)
J1X 4Z1

Mademoiselle,

Nous avons pris connaissance de la demande formulée
dans votre lettre du 10 septembre 19. .

Nous regrettons de ne pouvoir y donner suite. Il se
trouve en effet que nous ne prévoyons pas de vacance au
poste que vous demandez.

Recevez, Mademoiselle, nos salutations distinguées.

Le directeur administratif,

Mario Chénard

MC/tl   Mario Chénard

Refus d'une candidature

Chicoutimi, le 7 novembre 19 . .

Monsieur François Létourneau
709, boulevard des Franciscaines
Arvida (Québec)
A2M 3V6

Monsieur,

Nous avons le regret de vous informer qu'il nous est impossible de donner suite à votre demande d'emploi comme chef de rayon dans notre établissement.

Nous gardons cependant votre demande dans nos dossiers pour le cas où nous aurions un poste vacant dans les mois à venir.

Nous vous remercions de l'intérêt que vous avez manifesté et vous prions d'agréer, Monsieur, nos salutations distinguées.

Le directeur du personnel,

Gérard Lemieux

GL/tv   Gérard Lemieux

Démission

Trois-Rivières, le 12 octobre 19. .

Monsieur Pierre Langlois
Coordonnateur de l'action régionale
Ministère de l'Éducation
76, rue des Forges
Trois-Rivières (Québec)
G9A 4L8

Monsieur,

      J'ai le regret de vous informer que je quitterai définitive-
ment mon emploi d'agent de bureau le 2 novembre prochain.

      Je tiens à vous remercier de la confiance que vous
m'avez témoignée et à vous dire la satisfaction que j'ai éprou-
vée à travailler sous votre direction. C'est à regret que je quitte-
rai cet emploi au bureau régional de Trois-Rivières après
plus de quatre ans de service.

      Veuillez agréer, Monsieur, l'expression de mes senti-
ments les meilleurs.

Mireille Hardy

Mireille Hardy

c.c. MM. Adrien Aubé
       Pierre Lemay

Réclamation

Le 18 décembre 19..

Laboratoire Mercier
14, rue de l'Esplanade
Rimouski (Québec)
G5L 1P3

À l'attention de Monsieur Luc Lafrance

N/Réf. : 1087

Objet : Compte en souffrance

Monsieur,

Selon votre état de compte, vous devez à notre entreprise un
solde de 2 000 $ pour l'année 19..

Nous vous serions obligés de nous faire parvenir la somme de
2 000 $ d'ici le 20 mars prochain, faute de quoi nous nous
verrons dans l'obligation d'engager la procédure nécessaire
au recouvrement de cette somme. Nous désirons vous préve-
nir que vous devrez alors acquitter tous les frais supplémentaires résultant de cette procédure. Nous espérons que nous
pouvons compter sur votre entière collaboration dans le règle-
ment de votre dette.

Recevez, Monsieur, nos salutations distinguées.

Le chef comptable,

Denis Marchand

Denis Marchand

DM/nm

Recommandation

Montréal, le 8 septembre 19..

Monsieur Daniel Roy
Agent de bureau
60, boul. Dorchester, bureau 408
Montréal (Québec)
H4A 6S1

Monsieur,

Pour faire suite à votre lettre du 2 septembre 19.., il m'est
agréable de vous communiquer les renseignements désirés.

M. François Larivière a effectivement travaillé pendant plus de
quatre ans dans notre entreprise, en qualité de technicien de
laboratoire. C'est un employé ponctuel, empressé et conscien-
cieux. De plus, nous tenons à souligner l'amabilité et l'esprit
d'initiative dont il fait preuve. Aussi pensons-nous qu'il serait
pour votre entreprise un excellent employé.

Recevez, Monsieur, l'assurance de mes meilleurs sentiments.

Le directeur du personnel,

Normand Gagnon

NG/lm   Normand Gagnon

Félicitations

Québec, le 1er septembre 19..

Monsieur Jean-Pierre Simard
60, 4e Avenue, app. 407
Québec (Québec)
G9Z 1J9

Cher collègue,

J'ai été heureux d'apprendre ta nomination au poste de vice-président de la Compagnie Révélation.

J'espère que tes nouvelles fonctions se révéleront des plus intéressantes et te donneront toute satisfaction. Je serais moi-même heureux que nous puissions de nouveau travailler en étroite liaison.

Je te prie de croire, cher collègue, à ma sincère et profonde amitié.

AG/lp   Alexis Gagnon

Demande d'information

Noranda, le 31 juillet 19..

Madame Louise Doucet
Agent d'information
140, rue Chagnon, bureau 402
Noranda (Québec)
J9X 2B0

Madame,

À la suite de votre article paru en page 10 du journal *Contact* du 26 juillet 19.., je vous serais très reconnaissant de me faire parvenir quelques exemplaires du *Journal officiel* qui publie l'ensemble des nouveaux règlements adoptés par la Société canadienne d'hypothèques et de logement.

Vous remerciant à l'avance, je vous prie de recevoir, Madame, l'assurance de mes meilleurs sentiments.

Denis Lafrance

DL/lv   Denis Lafrance
                                          14, boul. Jacques-Cartier, app. 19
                                          Noranda (Québec)
                                          J9X 4B1

Réponse à une demande d'information

Noranda, le 8 août 19. .

Monsieur Denis Lafrance
14, boul. Jacques-Cartier, app. 19
Noranda (Québec)
J9X 4B1

Monsieur,

J'ai pris bonne note de votre désir de recevoir les textes relatifs aux nouveaux règlements adoptés par la Société canadienne d'hypothèques et de logement.

Pour le moment, je ne peux malheureusement pas répondre aux nombreuses demandes de photocopies qui nous sont adressées, mais je me ferai un plaisir de vous envoyer un exemplaire des tirés à part, dès que je les aurai moi-même reçus de nos services d'imprimerie.

Je vous prie de croire, Monsieur, à mes sentiments distingués.

Louise Doucet

Louise Doucet,
agent d'information

LD/pl

Accusé de réception

Lévis, le 4 octobre 19. .

Monsieur Charles Brochu
15, avenue du Parc
Donnacona, Portneuf
(Québec)
J1S 6C8

N/Réf. : 01-1067

Monsieur,

J'accuse réception de votre demande de classement
du 25 septembre dernier et les renseignements que vous
nous avez fournis semblent complets.

Je fais parvenir aujourd'hui même votre dossier au
Comité de classement du personnel technique. Je puis vous
assurer que j'ai pris les mesures nécessaires pour que votre
demande soit examinée dans les plus brefs délais.

Recevez, Monsieur, mes salutations distinguées.

L'ingénieur en chef,

Marcel Ouellet

MO/rx   Marcel Ouellet

Appel d'offres

Longueuil, le 8 janvier 19...

Objet : Appel d'offres pour lettrage

Mesdames,
Messieurs,

Je vous soumets, par la présente, un projet de lettrage pour un stand d'exposition à l'usage du Service des relations publiques de notre entreprise.

Les matériaux à peindre sont de deux types : surface de tissus et panneau de plastique. Les dimensions et tous les détails figurent sur le devis ci-joint. Le lettrage doit être en noir ; il reste à en déterminer la nature : peinture, sérigraphie ou lettres collées. Le stand est entreposé dans nos garages et les panneaux à peindre se transportent aisément. Les frais de transport devront être inclus dans le prix forfaitaire.

J'apprécierais que vous établissiez un devis estimatif pour ce travail et que votre offre me parvienne le plus rapidement possible.

Pour tout autre détail relatif à cette demande, veuillez communiquer avec moi au numéro de téléphone 569-7071.

Je vous prie d'agréer, Mesdames, Messieurs, l'expression de mes sentiments les meilleurs.

Jeannine Migneault

JM/lp

Jeannine Migneault
195, rue Albert
Longueuil (Québec)   H1E 2E7

Réponse à un appel d'offres

Montréal, le 28 mars 19..

Monsieur Jean-Louis Piémont
Transport Cherbourg ltée
70, avenue Beauport
Montréal (Québec)
H4Z 2G9

Monsieur,

Nous accusons réception de votre lettre du 26 mars 19.., dans laquelle vous nous demandez des renseignements concernant différents types de photocopieurs. Nous vous remercions vivement de nous avoir consultés. Pour faire suite à votre demande, nous vous faisons parvenir ci-jointe la documentation que nous croyons susceptible de répondre au désir que vous exprimez.

Il nous est cependant difficile de vous donner plus de détails par lettre. Aussi nous vous proposons d'aller vous rencontrer afin que, sans engagement de votre part, nous puissions étudier efficacement vos besoins et vous suggérer le modèle qui vous conviendra le mieux.

Nous espérons donc avoir le plaisir de vous rencontrer prochainement.

Veuillez agréer, Monsieur, nos salutations distinguées.

LL/rs   Louise Lemieux
                                       Service des ventes

B. La note

C'est au moyen de la note que communiquent entre eux les membres d'une même entreprise. Elle sert à la transmission de renseignements ou de directives et peut être adressée à des égaux ou à des supérieurs. Concise et dépouillée, la note n'est pas astreinte au formalisme de la lettre. Elle peut comprendre les éléments suivants :

— la mention du ou des destinataires, c'est-à-dire la désignation du service ou encore de la ou des personnes à qui la communication s'adresse ;

— la mention de l'expéditeur, précisant la désignation du service ou le nom de la personne qui envoie la note ;

— l'indication de la date, selon la notation alphanumérique :
▶ Le 25 janvier 19..

— l'objet de la note ;

— enfin, le texte de la communication.

Compte tenu de la nature et du contenu de la note, celle-ci pourra éventuellement comprendre des mentions de références : *V/Réf.* ou *N/Réf.,* des mentions diverses comme *Faire circuler, p.j., c.c.,* etc., et enfin la signature de l'expéditeur. Dans ce cas, les initiales de l'expéditeur et de la secrétaire n'y figurent pas et seule la signature manuscrite se trouve sur la note. Lorsque la note n'est pas signée, il est souhaitable que celle-ci soit revêtue du parafe de l'expéditeur.

N. B. La note s'adresse à des supérieurs ou à des égaux ; la note de service est destinée à des subordonnés.

Note de service

NOTE DE SERVICE

DESTINATAIRE : Le personnel du ministère . . .

DATE :   Le 1er février 19 . .

OBJET :   Congés annuels et heures supplémentaires

La présente note a pour objet de vous rappeler quelques
règles générales régissant le report des congés annuels et
l'utilisation des crédits d'heures supplémentaires.

RÈGLES GÉNÉRALES

1. Aux termes de la convention collective des fonctionnaires
(article . . .), les heures supplémentaires accumulées avant le
1er février 19 . . seront payées si elles ne sont pas compen-
sées en congés d'ici la fin de l'exercice, soit le 31 mars 19 . .

2. Quant aux vacances, nous vous rappelons qu'elles doivent
se prendre au cours de l'année durant laquelle elles sont
acquises, sauf décision expresse du sous-chef ou de son
représentant permettant de les reporter à une date ultérieure.

3. L'employé qui désire obtenir de ses supérieurs l'autorisation
de reporter des congés doit se procurer la formule appropriée
auprès du responsable de l'assiduité.

Le directeur du personnel,

Louis Gervais

Note

NOTE

DESTINATAIRE : Madame Nicole Minot

EXPÉDITEUR :   Jean Beaumier

DATE :   Le 7 juin 19..

OBJET :   Espace de rangement

1. Justification du besoin

Il n'y a présentement aucun espace de rangement dans la superficie mise à la disposition du personnel de notre bureau. Nous avons supporté cet état de chose depuis notre emménagement ici, mais la situation est devenue intolérable : des dizaines de cartons se trouvent empilés dans différents coins du bureau.

2. Demande

Nous avons exposé cette situation au propriétaire de l'immeuble. Ce dernier trouve notre demande parfaitement justifiée et nous a proposé de remédier à cette situation par la construction d'une armoire fixe en bois et garnie, à l'intérieur, de rayonnages métalliques.

3. Coût des travaux proposés

Armoire fixe en bois	610 $
Rayonnages métalliques	400 $
	1010 $

---

4. Pièces justificatives

Vous trouverez ci-joints les plans de notre bureau ainsi que ceux de l'espace de rangement que nous sollicitons. Nous vous remercions de l'attention que vous porterez à cette demande et nous espérons que vous voudrez bien y donner suite dans le plus bref délai.

C. Avis de convocation, ordre du jour et procès-verbal

L'*AVIS DE CONVOCATION* doit indiquer le lieu, la date et l'heure de la réunion ; on y ajoute généralement l'ordre du jour, afin de rendre la rencontre plus intéressante et d'accélérer la discussion.

L'*ORDRE DU JOUR* comprend généralement les points suivants :

1. Ouverture de la séance ;

2. Nomination d'un président et d'un secrétaire de séance s'ils ne sont pas déjà nommés ;

3. Lecture et approbation du procès-verbal de la réunion précédente ;

4. Selon le cas, lecture de la correspondance et de certains documents ou rapports ;

5. Énumération des questions précises à discuter ;

6. Questions diverses ;

7. Clôture de la séance.

Le *PROCÈS-VERBAL* donne le nom des membres présents et absents, de même que celui des invités. Il reprend chacun des points traités à l'ordre du jour et fait état des engagements, nominations, instructions et résolutions adoptés par l'assemblée.

Avis de convocation

Le 14 janvier 19. .

Madame,
Monsieur,

J'ai le plaisir de vous convoquer à la réunion mensuelle du Conseil d'administration de l'Association des jeunes musiciens du Québec.

Cette réunion aura lieu le vendredi 8 février 19. .., à 9 h 30, à l'adresse suivante : 60, rue Miron, bureau 106, Montréal.

Je vous propose l'ordre du jour suivant et vous invite à le compléter si vous le jugez à propos :

1. Ouverture de la séance ;
2. Lecture de l'ordre du jour et addition s'il y a lieu de questions diverses ;
3. Lecture et approbation du procès-verbal de la réunion précédente ;
4. Lecture de la correspondance ;
5. Rapport des comités ;
6. Projets à l'étude ;
7. Campagne de recrutement ;
8. Date et lieu de la prochaine réunion ;
9. Clôture de la séance.

Veuillez agréer, Madame, Monsieur, l'expression de mes sentiments distingués.

Le président de l'Association des jeunes musiciens du Québec,

Eugène Boisvert

EB/gla   Eugène Boisvert

Procès-verbal

Le 18 février 19...

Procès-verbal de la réunion mensuelle du Conseil d'administration de l'Association des jeunes musiciens du Québec, tenue à Montréal, à l'adresse suivante : 60, rue Miron, bureau 106, le vendredi 8 février 19..., de 9 h 30 à 18 h.

Sont présents : Mmes Yvette Fournier
Josée Leblanc
Chantal Lemay
MM. Gérard Blais
Eugène Boisvert
Luc Fournier
Louis Hurtubise
Pierre Lessard
Bernard Sauvé
Jean Soix

Sont absents : Mme Monique Lesieur
M. Albert Leroy

1. OUVERTURE DE LA SÉANCE

La séance est ouverte à 9 h 30. M. Eugène Boisvert, président de l'Association, souhaite la bienvenue à tous les administrateurs présents et expose les buts de cette rencontre qui sont... M. Louis Hurtubise fait fonction de secrétaire de séance.

2. LECTURE DE L'ORDRE DU JOUR

Le président donne lecture de l'ordre du jour et souligne les points qui seront portés à l'attention de l'assemblée. À l'unanimité, le Conseil accepte d'ajouter à l'ordre du jour les deux points suivants . . . proposés par Mme Josée Leblanc, appuyée par M. Pierre Lessard.

3. LECTURE ET APPROBATION DU PROCÈS-VERBAL

Les membres présents approuvent le procès-verbal de la dernière réunion, tenue le 16 février 19. .

4. LECTURE DE LA CORRESPONDANCE

Le secrétaire fait part au Conseil des différents concerts organisés par les directions régionales . . .

5. RAPPORTS DES COMITÉS

Le président invite le responsable de chaque comité à présenter un rapport d'activité. (synthèse du rapport : objectifs, prévision des coûts, évaluation, etc.).

6. PROJETS À L'ÉTUDE

M. Bernard Sauvé présente son projet relatif à un concours provincial de composition musicale, et Mme Yvette Fournier, son projet concernant la création d'un centre musical à Bois-Joli (présentation des projets par les responsables . . .). À la demande du président, le Conseil nomme un comité de trois membres (MM . . .) chargé d'étudier la possibilité de donner suite à ces projets.

7. CAMPAGNE DE RECRUTEMENT

Le président invite M. Luc Fournier à exposer les différentes étapes de la campagne de recrutement (synthèse des informations données par M. Fournier). Le Conseil adopte le programme de M. Fournier.

8. DATE ET LIEU DE LA PROCHAINE RÉUNION

La prochaine réunion mensuelle du Conseil d'administration de l'Association des jeunes musiciens du Québec aura lieu le 26 février 19.., à...

9. CLÔTURE DE LA SÉANCE

L'ordre du jour étant épuisé, il est proposé à 18 h par M. Jean Soix, appuyé par M. Gérard Blais, que la séance soit levée.

Le secrétaire,

Louis Hurtubise

Louis Hurtubise

D. Communiqué, annonce (offre d'emploi), cartes professionnelles, télégramme et carte d'invitation

Communiqué

Le communiqué constitue la façon la plus simple et la plus efficace de communiquer avec la presse (écrite, parlée, télévisée) et de rejoindre ainsi le grand public.

Le communiqué comprend généralement les éléments suivants :

— la **provenance** du communiqué, que donne généralement l'entête du papier à lettres de l'organisme ou de l'établissement, et sa **date** d'envoi ;

— l'**avis de publication** qui autorise la publication à compter d'une date précise :

▶ Pour publication immédiate
  Pour publication le 26 juin 19. .

— le **titre** proposé du communiqué, précisant l'objet du texte ;

— le **texte** même du communiqué, lequel est souvent précédé d'un préambule ou résumé succinct des points importants ;

— l'**indicatif** -30- annonçant la fin du texte à diffuser. Il s'inscrit au centre de la page, à la fin du communiqué ;

— la **source,** c'est-à-dire le nom et le numéro de téléphone du rédacteur ou de la personne qui peut fournir des renseignements complémentaires.

Pour publication immédiate

COMMUNIQUÉ

Campagne de souscription au profit de . . .

L'Association de . . . organise une campagne de souscription qui sera ouverte le samedi 6 avril 19. . à 10 h, pour se terminer le jeudi 11 avril à 20 h, et dont l'objectif est de recueillir 1 000 000 $.

Cette campagne de souscription a pour but, d'une part, de recueillir les fonds nécessaires au développement des . . ., et, d'autre part, de sensibiliser la population aux problèmes que ces personnes doivent affronter.

L'Association a besoin de l'aide de quelque 70 bénévoles pour remplir diverses tâches au cours de la semaine où se déroulera cette campagne. Les personnes désireuses d'offrir leur concours peuvent téléphoner au numéro 566-9091.

-30-

Le 20 mars 19. .

Source : Mme Hélène Bolduc
566-9091

Annonce (offre d'emploi)

Bureau d'ingénieurs-conseils recherche
un conseiller en gestion

Poste à pourvoir immédiatement pour le bureau de Longueuil

ATTRIBUTIONS : Conseiller, informer et sensibiliser les diri-
geants de l'entreprise sur les méthodes propres à l'analyse et
à la solution des problèmes auxquels ils font face dans le
domaine de la gestion.

EXIGENCES : Diplôme universitaire de 1er cycle en sciences
de l'administration ou dans une discipline connexe ; trois
années d'expérience pertinente à titre de conseiller en gestion. Une ou deux années d'études venant en complément de
la scolarité peuvent compenser en tout ou en partie l'expérience acquise. Une expérience exceptionnelle et une compétence reconnue dans le domaine peuvent suppléer à
l'absence de diplômes universitaires. Rémunération à déterminer.

Envoyer curriculum vitae à l'adresse suivante :

Bureau d'ingénieurs-conseils B.J. inc.
66, 4e Avenue
Longueuil (Québec)
G7R 2E5

Cartes professionnelles

Société d'experts-conseils S.S.G. inc.   (symbole social)

66, 6ᵉ avenue
Sherbrooke
J1H 4A7
(819) 544-4641

Jean-Louis Beaulieu,
analyste

Pierre Michaud
Vice-Président à l'enseignement
et à la recherche

Université . . .
10, rue Notre-Dame
Montréal   H4A 2F5
(514) 873-4166

Gouvernement du Québec
Office de la langue française
Direction des communications

800, place Victoria
Montréal (Québec)
H4Z 1G8
(514) 873-6565

Jean-Yvon Houle
Directeur

N.B. La carte professionnelle des fonctionnaires du gouvernement du Québec a été rédigée conformément aux normes du Programme d'identification visuelle.

Télégramme

Le télégramme est un message transmis télégraphiquement. Il est peu coûteux, très rapide et fort efficace ; son rôle est très important dans le domaine des affaires pour fixer un rendez-vous, donner des instructions à une succursale, informer du retard d'une livraison, etc.

Il est dactylographié sur des formules spéciales, en lettres majuscules et à double interligne.

Sherbrooke, le 4 avril 19 . .

M. Simon Lesieur

C.P. 146

Montréal

H4A 1B6

RETARD INÉVITABLE DE 24 HEURES DANS EXPÉDITION MARCHANDISE
COMMANDÉE. EXPÉDIERONS LE TOUT MARDI 6 AVRIL.

Jean Simard

Transport S.G.A.

Carte d'invitation

La Direction de la Compagnie Belleroute inc. a l'honneur
d'inviter Monsieur et Madame _____ à
un coquetel et buffet offerts à l'occasion de l'inauguration de
sa nouvelle usine de montage.

La réception aura lieu le mercredi 18 avril 19..., à 17 h, à la
salle de conférences de l'usine, 121, boulevard Jacques-
Cartier, Montréal.

R.S.V.P. avant le 5 avril 19..
(514) 677-1212

La carte d'invitation peut également préciser, le cas échéant, la
façon de s'habiller (tenue de ville, robe longue, etc.) et de l'utiliser :

Cette carte est valable pour deux personnes

Prière de se munir de la présente invitation

Carte strictement personnelle et exigée à l'entrée

Présentation de l'enveloppe

A. Suscription

Désignation du destinataire

Titres de civilité

Monsieur, Madame sont des titres de civilité que l'on donne aux personnes de toute condition, y compris les députés, les ministres et les premiers ministres. Ils s'écrivent en toutes lettres sur l'enveloppe et dans les formules d'appel.

Honorable est un titre de civilité d'usage local. C'est sous l'influence de l'anglais que l'on donne abusivement le titre d'honorable aux élus du peuple. Il convient de faire observer que les députés, qu'ils soient ministres ou non, perdent leurs titres professionnels (docteur, avocat, etc.) dans le cadre de leur activité parlementaire.

On dira donc : Monsieur Antoine Giroux, ministre de l'Éducation *et non* Docteur Antoine Giroux, ministre de l'Éducation.

Le titre de *docteur* est réservé au médecin considéré dans l'exercice de sa profession. Il n'est pas de mise dans le cas des autres doctorats universitaires.

Le titre de *maître* est donné aux avocats et aux notaires (hommes ou femmes). Le titre de civilité à employer pour un juge est *Monsieur le juge, Madame la juge.*

Dans la suscription, tous ces titres de civilité sont écrits en toutes lettres. Si la lettre est adressée à un *couple,* il faut écrire *Monsieur et Madame Paul Lemieux* et non le contraire.

Il est enfin généralement admis de ne pas faire suivre le nom du destinataire de ses titres honorifiques ou de ses grades universitaires.

Prénom, nom et fonction du destinataire

Dans un *prénom composé,* il y a toujours un trait d'union, et cela même s'il est abrégé :

▶ Monsieur Jean-Paul Tessier
Monsieur J.-P. Tessier

Si le prénom du correspondant est suivi d'une initiale, il ne s'agit pas d'un prénom composé mais de deux prénoms accolés ; il ne faut donc pas, dans ce cas, de trait d'union :

▶ Monsieur Normand P. Beaulieu

La désignation de la fonction officielle du destinataire, lorsqu'il est nécessaire de l'indiquer, se met sur la ligne qui suit le nom :

▶ Monsieur Yvan Lebrun
Président de la Compagnie Révélation

B. Destination de la lettre

Domicile du destinataire

Il convient de mettre une virgule entre le numéro du domicile et le nom de la rue :

▶ 740, rue Galt Ouest

Les mots *rue, boulevard, avenue, place, côte* et *chemin* doivent précéder le nom de la voie de communication. Ces mots gardent leur minuscule initiale lorsqu'ils sont à l'intérieur d'un énoncé. Il est permis d'abréger les mots boulevard (boul.) et avenue (av.) ; il est néanmoins préférable de les écrire en toutes lettres.

Il est incorrect d'écrire *10, Lajoie* au lieu de *10, rue Lajoie.* Lorsque l'odonyme est identifié par un numéro, il prend la majuscule :

▶ Monsieur Simon Lafleur
75, 32e Rue

Lorsque le destinataire habite dans un immeuble comprenant plusieurs appartements, il faut mentionner le numéro de celui qu'il occupe, et cette mention est précédée d'une virgule :

▶ Monsieur Pierre Robert
60, rue Lajoie, app. 12

Dans le cas d'*immeubles à bureaux,* il faut adresser la lettre au bureau ou à la porte suivis de leur numéro :

▶ bureau 201
porte 201

Il ne faut en aucun cas écrire *chambre X,* qui est un calque de l'anglais *Room X,* ni *suite,* qui est un appartement de plusieurs pièces dans un hôtel.

Lorsque le nom d'une rue comprend plusieurs éléments (nom précédé d'un prénom, d'un titre, d'un qualificatif), on les joint par un trait d'union :

▶ 85, rue Jacques-Cartier
141, avenue Sir-Adolphe-Routhier
176, boulevard du Grand-Meaulnes[1]

La remarque convient également pour les mots composés :

▶ 66, rue Notre-Dame-des-Victoires

Points cardinaux

Les mentions *est, ouest, nord, sud* s'écrivent avec une majuscule et sans trait d'union lorsque le point cardinal est déterminatif de l'élément générique d'un nom de rue. Elles sont placées après le nom de la rue :

▶ 740, rue Galt Ouest
740, boulevard Charest Ouest

---

1. COMMISSION DE TOPONYMIE, *Guide toponymique municipal,* Québec, Éditeur officiel du Québec, 1979, p. 65.

Cependant, si le point cardinal est déterminatif de l'élément spécifique, il est lié à ce dernier par un trait d'union et prend aussi la majuscule initiale :

▶ Autoroute des Cantons-de-l'Est[1]

Case postale

Si la lettre est adressée à un bureau de poste, on écrira *case postale* ou *boîte postale.* Les abréviations C.P. (case postale) et B.P. (boîte postale) sont acceptées.

Le mot *succursale,* s'il y a lieu, doit remplacer le mot *station* pour désigner les bureaux de poste secondaires :

▶ Société Saint-Jean-Baptiste
Case postale 400
Succursale C

Nom de la ville

Le nom de la ville ne doit pas être abrégé et s'écrit en lettres minuscules (sauf l'initiale), ou en majuscules.

Nom du comté

Lorsque le destinataire n'habite pas dans une grande ville, il est parfois nécessaire d'indiquer le nom du comté. En effet, il peut y avoir dans une même province plusieurs villages ou villes qui portent le même nom et sont dans des comtés différents. Lorsqu'il faut l'indiquer, le nom du comté s'inscrit après le nom de la ville ou du village. Il peut être précédé de *comté* ou de son abréviation *cté* :

▶ Monsieur Benoît Lemay
10, rue Lebrun
Neuville, Portneuf
(Québec)
G3B 2H8

N. B. L'indication du comté n'est pas nécessaire quand on a précisé le code postal.

---

1. COMMISSION DE TOPONYMIE, *Guide toponymique municipal,* Québec, Éditeur officiel du Québec, 1979, p. 66.

Nom de la province

Il est recommandé d'inscrire ce nom en toutes lettres, entre parenthèses à côté du nom de la ville, ou au-dessous du nom de la ville si l'on a dû mentionner le nom du comté.

L'Office de la langue française a normalisé le symbole QC pour désigner le Québec dans le cas où une abréviation est nécessaire. L'emploi de ce symbole est cependant réservé à certains usages techniques : formulaires informatisés, tableaux statistiques, etc.

Code postal

Le code postal termine la suscription. Il doit être utilisé selon les règles établies par les Postes canadiennes. Ainsi, le *code doit toujours figurer en dernière place dans l'adresse, après la ville, le comté, la province.*

Il doit figurer sur une ligne distincte de toutes les autres mentions. Cependant, si l'on manque de place, on peut inscrire le code sur la même ligne que la ville et la province, à condition qu'on le sépare de ce qui précède par un espace[1] équivalant à deux caractères de machine à écrire.

Les trois lettres du code doivent être écrites en capitales.

Le code ne doit comprendre ni point, ni trait d'union, ni aucun signe de ponctuation et ne doit pas être souligné. Les deux groupes (lettres et chiffres) du code doivent être séparés par un espace équivalant à un caractère.

N. B. Les numéros de secteur postal ont été automatiquement supprimés dans les villes où le code postal est déjà instauré :

▶ Sainte-Foy (Québec)   G1V 1N1
   et non Québec 10

---

1. *Espace* est féminin dans la langue des typographes et des imprimeurs. Lorsqu'il s'agit de textes dactylographiés, on emploie *espace* au masculin.

Lettres à destination de l'étranger

Pour les lettres à destination de l'étranger, on doit écrire le nom du pays et le souligner. Si l'adresse n'est pas en langue française, on la recopiera telle qu'elle a été donnée en suivant les usages du pays :

▶ Public Relations   Monsieur Pierre Durand
American Express Company   14, rue José-Maria-de-Hérédia
Post Office Box 13766   75007   PARIS
PHOENIX   France
Arizona 85002
U.S.A.

C. Compléments de la suscription

Indications du mode d'acheminement

Dans une entreprise, un organisme, un ministère, etc., l'enveloppe doit toujours être adressée directement au correspondant dont le nom figurera de ce fait en premier lieu.

Cependant, lorsque la lettre est adressée à un organisme ou à une entreprise, on se sert parfois de la mention *À l'attention de . . .* pour indiquer le nom de la personne à laquelle on désire que la communication écrite soit acheminée. Cette mention se met à gauche de l'enveloppe, toujours au-dessus de la ligne où figure l'indication du code postal :

                                                    Hospitalières de la Charité de Bordeaux
▶ À l'attention de   203, rue Saint-Jean
Sœur Anne Lavoie   Québec (Québec)
                                                    G2A 4H7

Lorsque l'on confie à une autre personne le soin de remettre ou de faire parvenir la lettre au véritable destinataire (par exemple dans la correspondance privée, lorsque l'adresse indiquée sur l'enveloppe n'est pas le lieu de résidence officielle du destinataire), on indique sous le nom de ce dernier la mention :

▶ Aux bons soins de . . .
Aux soins de . . .

L'abréviation de cette formule est *a/s de . . .* :

▶ Monsieur Jean Lefebvre
a/s de Monsieur Gustave Lemieux
60, rue Lajoie
Montréal (Québec)
G4A 7H1

N. B. La mention *c/o (care of)* est réservée aux adresses rédigées en anglais.

Lorsqu'on présume que le destinataire a changé de domicile ou que l'on ignore sa nouvelle adresse, on indique sur la partie gauche de l'enveloppe la mention :

▶ Prière de faire suivre

Les mentions de nature : PERSONNEL, CONFIDENTIEL, À L'ATTENTION DE, etc., de même que les indications qui s'adressent aux préposés du service postal : *RECOMMANDÉ, URGENT, PAR AVION, PAR EXPRÈS,* doivent être en majuscules ou en minuscules soulignées. Ces mentions doivent être inscrites bien lisiblement en bas et à gauche de l'enveloppe, mais plus haut que le code postal :

▶ CONFIDENTIEL

Monsieur Jean-Louis Fortin
70, rue Leroy
Sherbrooke (Québec)
G6A 4H2

PAR EXPRÈS
RECOMMANDÉ

Monsieur Jean-Louis Fortin
70, rue Leroy
Sherbrooke (Québec)
G6A 4H2

N. B. Les adjectifs *personnel, confidentiel, recommandé* et *urgent* sont au masculin.

Adresse de l'expéditeur

Si l'adresse n'est pas déjà imprimée, l'expéditeur doit mettre son nom et son adresse complète dans l'angle supérieur gauche de l'enveloppe. Dans la correspondance privée, elle peut être placée au verso, au centre de la patte de l'enveloppe.

N. B. Le nom de l'expéditeur ne doit pas être précédé de la préposition *de,* calque de l'anglais *from.* On peut cependant indiquer *Expéditeur* ou *Exp.*

On ne met pas de virgule après chaque ligne d'une adresse ni de point à la fin.

Exemples d'adresses

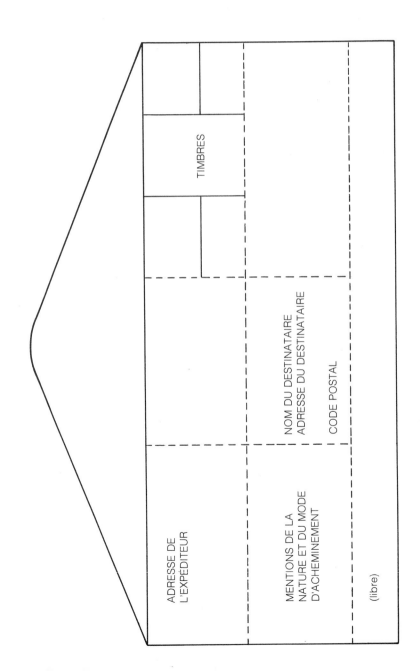

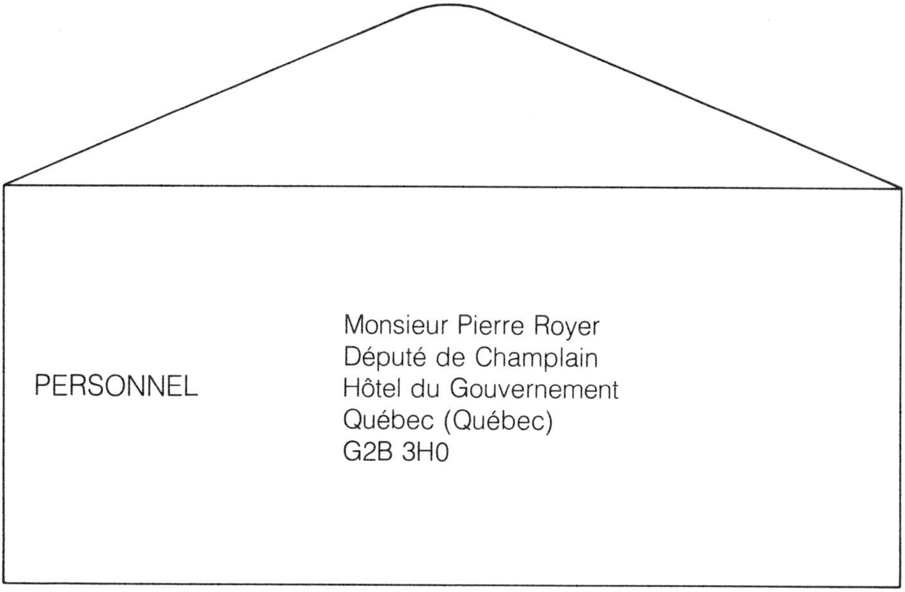

PERSONNEL

Monsieur Pierre Royer
Député de Champlain
Hôtel du Gouvernement
Québec (Québec)
G2B 3H0

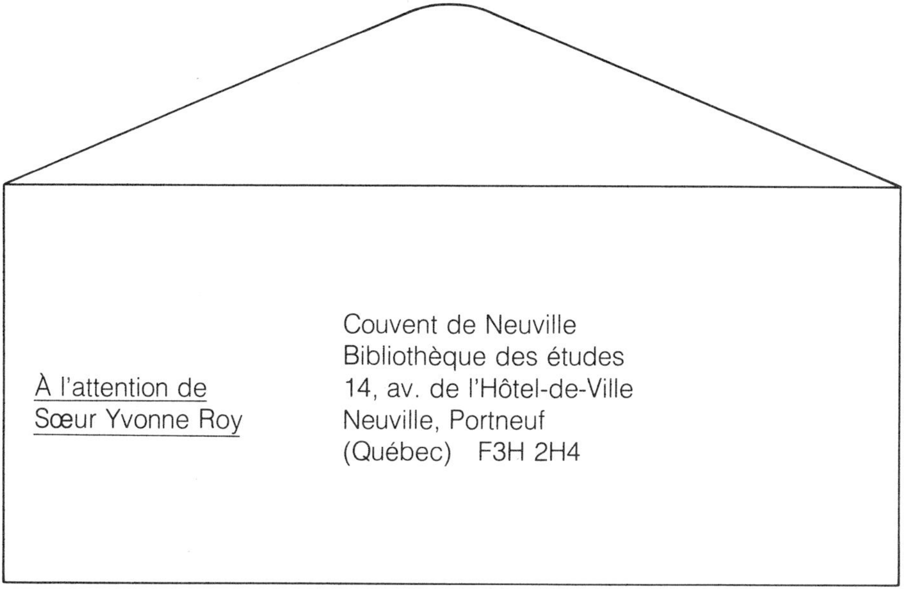

À l'attention de
Sœur Yvonne Roy

Couvent de Neuville
Bibliothèque des études
14, av. de l'Hôtel-de-Ville
Neuville, Portneuf
(Québec)   F3H 2H4

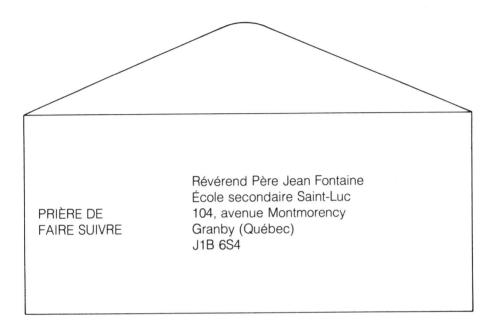

PRIÈRE DE
FAIRE SUIVRE

Révérend Père Jean Fontaine
École secondaire Saint-Luc
104, avenue Montmorency
Granby (Québec)
J1B 6S4

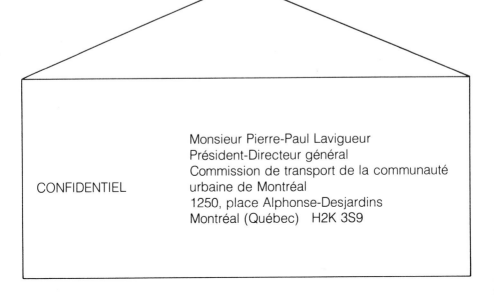

CONFIDENTIEL

Monsieur Pierre-Paul Lavigueur
Président-Directeur général
Commission de transport de la communauté
urbaine de Montréal
1250, place Alphonse-Desjardins
Montréal (Québec)   H2K 3S9

RECOMMANDÉ

CONFIDENTIEL

Madame Denise Bégin
a/s de Monsieur Roger Huot
6069, 7e Rue, app. 306
Drummondville (Québec)
J1H 3P2

RECOMMANDÉ

Docteur et Madame Daniel Lemay
600, boulevard Queen Nord
Windsor (Québec)
G9S 2H6

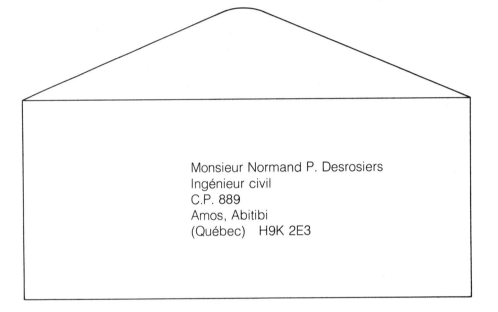

Monsieur Normand P. Desrosiers
Ingénieur civil
C.P. 889
Amos, Abitibi
(Québec)   H9K 2E3

PAR AVION

Monsieur et Madame Normand Murat
24, rue de la Cathédrale
75009 Paris
France

Le rapport

A. Définition

Le rapport est un instrument de communication, d'information et de gestion, d'où son caractère à la fois social, documentaire et administratif. Le rapport doit constituer une synthèse, une vue générale d'un secteur d'activité pour une période donnée. Un rapport ne s'improvise pas : sa rédaction comprend quatre opérations.

La **collecte des données,** travail de dépouillement et d'analyse où l'on doit recueillir les pièces, documents, témoignages, données et statistiques dont on pourrait faire usage dans la préparation du rapport.

L'*évaluation des documents,* lecture et choix des pièces, afin de ne conserver que l'information indispensable et essentielle.

L'*élaboration du plan,* c'est-à-dire l'ordre dans lequel sera présentée la matière du rapport. Les ordres classiques, ordre chronologique et ordre de valeur, peuvent être indifféremment suivis, selon les besoins de clarté, d'exactitude et de cohérence du rapport, et aussi selon l'importance des sources d'information que l'on choisit. Le texte accordera la priorité aux éléments d'un ordre ou de l'autre qui ont le plus de signification et d'importance selon la perspective où l'on se place.

La *rédaction.* Le texte du rapport doit être succinct, clair et précis de façon à ne laisser planer aucun doute sur son interprétation. Le ton le plus généralement admis dans la rédaction des rapports est le ton impersonnel. Le *je* doit être soigneusement évité, sauf lorsqu'il est pleinement justifié et indispensable à la clarté des éléments fournis.

B. Parties constituantes du rapport

1. Pages préliminaires

Les *pages préliminaires* sont celles qui précèdent l'introduction du travail. Elles ne sont pas numérotées. Elles comprennent généralement l'avant-propos, le sommaire, la table des matières et la liste des sigles et abréviations.

L'*avant-propos* comprend généralement une page, deux au maximum ; il est dactylographié à double interligne, et l'on expose les raisons qui ont amené l'auteur à traiter le sujet. L'avant-propos peut se terminer par des remerciements à l'égard de ceux qui ont aidé à mener le travail à bonne fin.

Le *sommaire* est également dactylographié à double interligne et a pour objet de présenter de façon brève et concise les principales parties du rapport.

Outre l'utilité qu'il présente pour le destinataire du rapport, le sommaire peut souvent servir de communiqué de presse ou de résumé succinct de son contenu.

La *table des matières* constitue le plan détaillé du rapport, présenté dans un ordre logique. Elle doit comporter, selon le cas :

a) l'introduction;
b) les parties et leurs titres exacts ;
c) les chapitres et leurs titres exacts ;
d) les divisions principales des chapitres.

Il est à noter que la table des matières, qui vient en tête, rend compte de toutes les parties du rapport et signale les pages annexes.

2. Corps du texte

Le *corps du texte* constitue l'essentiel du rapport et se compose de trois parties : l'introduction, le développement et la conclusion. Ces trois parties composantes du rapport, qu'il soit littéraire, scientifique, philosophique ou autre, répondent à des normes bien précises visant à la rigueur logique de la pensée, à la présentation rationnelle des idées et à la clarté des explications.

L'*introduction* présente l'objet et montre l'intérêt du sujet traité ; elle doit également mettre en évidence le cheminement de la pensée et de sa réalisation écrite en dégageant la logique du plan.

Le *développement* est généralement divisé en chapitres qui, occasionnellement, peuvent être groupés en deux ou trois parties. La composition de chacun des chapitres doit elle-même refléter, dans la mesure du possible, la structure tripartite : dans chaque chapitre, l'introduction fait le lien avec le chapitre qui précède et présente l'aspect particulier qu'il traite ; le corps du chapitre est constitué de quelques grands paragraphes. Enfin, la conclusion résume les idées essentielles du chapitre.

La *conclusion* de l'ensemble est en quelque sorte la synthèse des grands thèmes du rapport. Elle reporte le lecteur aux propositions énoncées dans l'introduction, elle met en lumière les questions traitées ainsi que les solutions ou explications, et confirme de la sorte l'unité de l'ensemble.

3. Pages annexes

Les *pages annexes* sont celles qui suivent la conclusion. Elles sont numérotées. Tout rapport comprend généralement une bibliographie. Certains rapports peuvent aussi ajouter, selon les besoins, des appendices, un ou des index, des illustrations et des tableaux.

Les *appendices* sont des suppléments placés à la fin du rapport : ils contiennent des notes, des renseignements complémentaires, des documents, des textes, des formules, des données statistiques, des cartes, des plans et des dessins que l'on juge utiles. L'ordre des appendices est indiqué au moyen de lettres ou de chiffres et chacun d'eux porte le titre disposé de la même façon qu'un titre de chapitre.

L'*index* est une table alphabétique des sujets traités, des noms de personnes ou de lieux cités dans le rapport, etc., accompagnés de leur référence.

La *table des illustrations* comprend la liste des titres des illustrations (figures, gravures, reproductions) contenues dans le rapport. Elle doit être placée à la fin, selon l'ordre d'apparition des illustrations dans le texte. Cependant, un rapport qui comprendrait moins de trois illustrations n'exige pas qu'on en reproduise une liste en annexe. Dans le texte, toute illustration occupe une page complète et doit toujours être identifiée, numérotée en chiffres arabes et suivie de commentaires qui mettent en relief sa pertinence.

La *liste des divers tableaux* présentés (graphiques, diagrammes, tables statistiques, pages-modèles, etc.) fait également partie des pages annexes. Dans le texte, les tableaux sont numérotés en chiffres romains et leurs titres sont toujours inscrits en haut du tableau. Chaque tableau doit développer un seul point et ne doit comporter aucune explication. Lorsqu'on présente une liste ou une série de renseignements, on les dispose en colonnes, à simple interligne. S'il y a lieu, les données sont séparées par des lignes horizontales et on doit éviter l'encadrement par les verticales. Si le tableau occupe plus d'une page, on doit répéter le numéro du tableau, son titre, de même que les en-têtes de colonnes et de lignes au complet. Lorsqu'un tableau doit occuper plus de deux pages, on le place en appendice, afin de ne pas rompre la continuité du texte.

La *bibliographie* est une partie essentielle d'un travail de ce genre. Il existe trois façons de dresser une liste bibliographique :

a) on n'énumère que les ouvrages consultés ;
b) on dresse une liste exhaustive des ouvrages se rattachant au sujet traité ;
c) chaque titre est accompagné d'une note personnelle relative au contenu et à la valeur de l'ouvrage cité.

Généralement, on opte pour le premier type de bibliographie et l'on ne fait état que des ouvrages consultés.

C. Présentation matérielle

1. Pagination

On pagine en chiffres arabes, à partir du début de l'introduction, en incluant les tableaux ainsi que les pages annexes. On ne numérote pas les pages préliminaires ni les pages qui commencent par un titre ; celles-ci sont toutefois comprises dans la pagination.

2. Marge et interligne

La *marge* du haut est généralement de 5 cm sur la première page et de 2,5 cm pour les autres pages ; celle du bas doit avoir au mois 2,5 cm et peut atteindre 4 cm. La largeur des marges de gauche et de droite doit permettre une ligne d'écriture de 15 cm ou moins si le manuscrit doit être broché ou relié.

On emploie l'interligne simple pour un titre de plus d'une ligne, pour les notes au bas des pages, les tableaux, la bibliographie, les citations, etc. On emploie l'interligne double pour tout texte suivi.

3. Espacement

Dans un texte dactylographié, on laisse généralement deux espaces après le point, les deux points, le point d'exclamation, le point d'interrogation mais seulement un espace après la virgule et le point-virgule. Lorsqu'on introduit des parenthèses, on laisse un seul espace avant d'ouvrir et après avoir fermé la parenthèse. Si la parenthèse est suivie d'un signe de ponctuation, celui-ci vient un espace après.

4. Soulignement

On souligne les titres de volumes dans le texte, dans les notes ou dans la bibliographie. Si le rapport comprend de multiples sous-divisions titrées et difficiles à relier entre elles, on peut, pour faciliter la lecture, souligner les titres de ces sous-divisions. Noter cependant qu'on ne souligne jamais un titre centré ni un titre en lettres majuscules.

5. Citation

« La citation est un emprunt fait au texte d'un autre. Non pas toutefois un emprunt dissimulé, mais un emprunt avoué, reconnu comme tel par l'indication exacte de sa provenance. Elle se distingue par là du plagiat. En outre, la citation ne se borne pas à la substance d'un texte, elle doit en être le décalque fidèle[1]. »

---

1. Louis-Émile BLANCHET, *Comment présenter un texte philosophique,* Québec. P.U.L., 1970, p. 33.

6. Appel de notes

Chaque référence est numérotée par son chiffre d'appel, lequel est indiqué dans le texte au moyen d'un chiffre supérieur. Si l'on ne cite qu'un seul mot, le chiffre suit immédiatement le mot sans être séparé d'un espace. Si l'on reproduit une ou plusieurs phrases, il se place à la fin de la citation, avant la ponctuation de la phrase citée et les guillemets.

7. Présentation de la bibliographie

La description bibliographique d'un livre se présente générale-ment comme suit :

a) Nom de l'auteur en capitales/virgule/prénom/point ;
b) Titre du volume souligné/virgule ;
c) Lieu de publication/virgule ;
d) Édition/virgule ;
e) Éditeur (s'il y a lieu)/virgule ;
f) Date/virgule ;
g) Tome/virgule ou nombre de pages/point.

La description bibliographique d'un article se fait de la manière suivante :

a) Nom de l'auteur en capitales/virgule/prénom/point ;
b) Titre de l'article entre guillemets non souligné/virgule ;
c) Nom de la revue souligné/virgule ;
d) Mention du volume ou du numéro de la revue et sa date de publication/virgule. S'il s'agit d'une revue mensuelle, on indi-que le volume et le numéro de la revue en chiffres arabes, le mois et l'année entre parenthèses, chaque information étant séparée de la précédente par une virgule ;
e) La ou les pages dont est extrait le mot ou le passage cité/ point.

Quant aux problèmes soulevés par l'emploi de la majuscule, par la numération, par la division des mots et par la ponctuation, nous renvoyons le lecteur aux chapitres qui traitent de chacun de ces points.

Vocabulaire et grammaire

Expressions à corriger

Termes et locutions classés selon l'ordre alphabétique
des termes fautifs

Forme fautive	Forme correcte
A	
Abrévier	**Abréger**
Mettre un ouvrage **à date**	Mettre un ouvrage **à jour**
L'*agenda* de la séance	L'**ordre du jour** de la séance
Ajourner la séance	**Lever** la séance
Ajustement d'un compte, d'un salaire	**Rectification** d'un compte, d'un salaire
À l'année longue, à la journée longue	**À longueur d'année, toute l'année, à longueur de journée, toute la journée**
Être à l'emploi de...	**Travailler chez**..., **faire partie du personnel**
Amalgamer des sociétés	**Fusionner** des sociétés, des sociétés qui **fusionnent**
Il n'*anticipe* pas que la situation s'améliore	Il ne **s'attend** pas (à ce) que la situation s'améliore
Une formule d'*application*	Une formule de **demande d'emploi**
Un *appointement*	Un **rendez-vous**
Les *argents*	Les **sommes (d'argent)**, l'**argent**
L'*assemblée* est levée	La **séance** est levée
Être *assigné* à un travail	Être **affecté** à un travail (mais on assigne un emploi à quelqu'un)
Chèque **au montant de**...	Chèque **de**...
Aviseur légal	**Conseiller juridique**
B	
La *balance* d'un compte	Le **solde** d'un compte
Toucher un *bénéfice* en vertu de...	Toucher une **indemnité,** une **prestation** en vertu de...
Cela va *bénéficier* à beaucoup de gens	Cela va **profiter** à beaucoup de gens
Bénéfices marginaux	**Avantages sociaux**

Forme fautive	Forme correcte
Recevoir un **bonus**	Recevoir une **gratification,** une **prime,** une **indemnité**
Break	**Pause, pause-café**
Bris de contrat	**Rupture** de contrat
Bureau-chef	**Siège social, bureau principal**
Bureau d'affaires	**Établissement de commerce, bureau, maison de commerce**

C

Année de **calendrier**	Année **civile**
Canceller un rendez-vous	**Annuler** un rendez-vous
La **cédule** de...	Le **calendrier,** l'**horaire,** le **programme**...
Cédule d'une assemblée délibérante	**Horaire, calendrier** d'une assemblée délibérante
Rendez-vous à la **chambre** 112	Rendez-vous au **bureau,** au **local,** à la **salle,** à la **porte** 112
Chargez cela à mon compte	**Mettez, portez** cela à mon compte
Le **chiffre** (shift) de jour	L'**équipe** de jour
Vous trouverez **ci-attaché**	Vous trouverez **ci-joint, ci-annexé**
Ci-bas mentionné...	Mentionné **ci-dessous, ci-après, dont mention est faite plus bas**
Ci-haut mentionné...	Mentionné **ci-dessus, précité, susdit**
Se faire 100 $ **clair** par semaine	Se faire 100 $ **net** par semaine
Expédier de la marchandise **C.O.D.**	Expédier de la marchandise **contre remboursement**
Collection du courrier	**Levée** du courrier
Combler un poste	**Pourvoir** un poste
Compagnie de finance	**Société de prêt(s), société de crédit, société de financement**
Un coupon dûment **complété**	Un coupon dûment **rempli**
Compliments de la saison	**Nos meilleurs vœux, joyeuses fêtes, souhaits de bonne année**
Avoir des **connexions**	Avoir des **relations**
Contracteurs et **sous-contracteurs**	**Entrepreneurs** et **sous-traitants**
Participer à une **convention**	Participer à un **congrès**
Établir une **cotation** pour un projet	Établir un **devis** pour un projet
Coût d'opération	**Frais d'exploitation, de production, de fabrication** (selon le contexte)

D

La date **due** pour votre paiement	L'**échéance,** la **date d'échéance** de votre paiement
Êtes-vous d'accord ?	Êtes-vous d'accord ?
— **Définitivement**	— **Assurément, certainement, absolument** (définitivement signifie : d'une manière définitive)

Forme fautive	**Forme correcte**
Rendez-vous au **département** des jouets	Rendez-vous au **rayon** des jouets
Dépendant de votre décision	**Conformément à, selon** votre décision
Dépenses de voyage (dans la langue administrative seulement)	**Frais de déplacement**
Cet article est **disponible** au rayon...	Cet article est **en vente** au rayon...
Donner un dépôt	**Verser un acompte**

E

Effectif au 1er janvier	**En vigueur le, à partir du** 1er janvier
Il n'a pas **élaboré**	Il n'a pas **donné de détails**
Être **en charge de...**	Être **responsable...**
Écrire à l'**endos** d'une lettre	Écrire au **verso** d'une lettre
Le règlement **en force**	Le règlement **en vigueur**
En rapport avec ce travail	**Au sujet de, en ce qui concerne, pour ce qui est de** ce travail
Lettre, courrier **enregistré**	Lettre, courrier **recommandé**
S'**enregistrer** à l'hôtel	S'**inscrire** à l'hôtel
Période d'**entraînement** pour exécuter un travail déterminé	Période d'**essai,** d'**apprentissage, stage de formation** pour exécuter un travail déterminé
Entrer des faits dans un rapport	**Consigner** des faits dans un rapport
Enveloppe-retour	**Enveloppe-réponse**
L'**envers** d'une feuille	Le **dos** ou le **verso** d'une feuille
Corriger une **erreur cléricale**	Corriger une **erreur matérielle,** une **faute de frappe,** une **faute** ou une **erreur de copiste**
Les épargnes	L'**épargne,** les **économies**
Taper une lettre à double **espace**	Taper une lettre à double **interligne**
Un **estimé** des ventes	Une **estimation** des ventes
Étamper un document	**Timbrer** un document, **apposer un timbre sur** un document
L'**exécutif**	Le **conseil** ou **comité de direction,** le **bureau** N. B. **Bureau** se dit surtout de l'organe directeur d'une association, formé par la réunion du président, vice-président, secrétaire et trésorier. **Exécutif** ne s'applique pas à une personne.

F

Faire 100 $ par semaine	**Se faire** 100 $ par semaine
Faire application	**Postuler un emploi, poser sa candidature, faire une demande d'emploi**
Feuille de temps	**Feuille, fiche de présence**

Forme fautive	Forme correcte
Mettre un dossier dans la **filière**	Mettre un dossier dans le **classeur**
Finaliser un rapport	**Achever, mettre au point** un rapport, **mettre la dernière main à...**
Année **fiscale**	**Exercice financier, exercice,** année **financière, budgétaire** (selon le contexte)
Forger une signature	**Contrefaire** une signature

G

Le **gérant** de banque	Le **directeur** de la banque
Le **gérant** de département	Le **chef de rayon**
Le **gérant** des ventes	Le **chef** des ventes, le **directeur commercial,** le **directeur** des ventes (selon le cas)

H

Heures d'affaires	**Heures d'ouverture**
Une situation **hors de notre contrôle**	Une situation **indépendante de notre volonté**
Être **hors d'ordre**	1) **Présenter une proposition non recevable**
	2) **Ne pas avoir la parole**

I

Un **item** de discussion	Un **sujet** de discussion
Mettre un **item** à l'ordre du jour	Mettre une **question,** un **point,** un **sujet** à l'ordre du jour
Plusieurs **item** sont en solde	Plusieurs **articles** sont en solde

L

La terminologie **légale**	La terminologie **juridique**
Une poursuite **légale**	Une poursuite **judiciaire**
	N. B. **Juridique** se dit de ce qui a trait au droit : texte, science juridique. Est **judiciaire** ce qui se rapporte à la justice. **Légal** se dit de ce qui est conforme à la loi.
La **littérature** de telle compagnie	La **documentation,** les **dépliants** de telle compagnie
Le **livre des minutes**	Le **registre des procès-verbaux**

M

La **malle** est arrivée	Le **courrier** est arrivé
Envoyer une lettre par la **malle**	Envoyer une lettre par la **poste**
Maller une lettre	**Mettre** une lettre **à la poste, poster** une lettre
Se mériter un prix	**Remporter** un prix

Forme fautive	Forme correcte
Le prix littéraire qu'il s'est **mérité**	Le prix littéraire qui lui a été **décerné**
Il s'est **mérité** un trophée	Il a **gagné, remporté** un trophée
Les **minutes** de la séance	Le **procès-verbal** de la séance
Inscrire dans les **minutes**	Inscrire au **procès-verbal**
Avoir de la **misère** à faire...	Avoir du **mal**, de la **difficulté** à faire...

N

Choisir un **nom de corporation**	Choisir un **nom de société** (raison sociale ou nom commercial)
Donner sa **notice**	Donner sa **démission**
La **notice** affichée	**L'avis** affiché

O

Officier d'administration	**Agent** d'administration
Officier du syndicat	**Représentant, responsable, dirigeant** du syndicat
Opérer un commerce	**Tenir** un commerce
Une spécialité qui offre beaucoup d'**opportunités**	Une spécialité qui offre beaucoup d'**avantages**, de **possibilités**, de **perspectives d'avenir**
Ouvertures dans tel domaine	**Débouchés** dans tel domaine

P

Pamphlet publicitaire	**Brochure, dépliant** publicitaire
Partir à son compte	**S'établir** à son compte
Un compte **passé dû**	Un compte **échu, en souffrance**
Les **payeurs de taxe(s)**	Les **contribuables**
Place d'affaires	**Établissement de commerce, bureau, maison de commerce**
Placer un grief	**Formuler, exposer** un grief, **déposer** une plainte
Placer une commande	**Passer** une commande, **commander**
Plan d'assurance	**Régime** d'assurance
Plan de paiement	**Mode** de paiement
Travailler au **deuxième plancher**	Travailler au **premier étage** (les étages d'un immeuble se comptent à partir de celui qui est immédiatement au-dessus du rez-de-chaussée)
Poinçonner	**Pointer**
Poll	**Bureau de vote, de scrutin**
Pour les fins de...	**Aux fins de**...
Enveloppe **pré-adressée**	**Enveloppe-réponse**
Prendre le vote	**Mettre une question aux voix, passer au vote**
Secrétaire **privé**	Secrétaire **particulier**
Puncher à 9 **hrs**	**Pointer** à 9 **h**

Forme fautive	**Forme correcte**
Q	
Question d'ordre (dans une assemblée délibérante)	**Question relative au règlement, sur un point du règlement, invoquant le règlement**
R	
Rapport d'impôt	**Déclaration de revenus, déclaration fiscale, feuille d'impôts**
Se **rapporter** à son supérieur	Se **présenter** à son supérieur
Les **records** de la compagnie	Les **archives,** les **dossiers,** les **registres** de la compagnie
Reçu paiement...	**Pour acquit...**
Référant à votre lettre du...	**En réponse** à, **pour faire suite** à votre lettre du...
Veuillez vous **référer** au document...	Veuillez vous **reporter** au document...
J'ai **référé** cette affaire à mon collègue	J'ai **confié** cette affaire à mon collègue, j'ai **mis** cette affaire **entre les mains** de mon collègue
Lettre de **références**	Lettre de **recommandation**
Adresse de **retour**	Adresse de l'**expéditeur**
S	
Congé **sans solde** (correct pour les militaires)	Congé **sans traitement**
Seconder une proposition	**Appuyer** une proposition N. B. Le terme « secondeur » n'existe pas en français. Certains ont suggéré **coproposant.**
D'après la **séniorité**	D'après l'**ancienneté**
Nous vous **serions** gré	Nous vous **saurions** gré
Signer à l'endos d'un chèque	**Endosser** un chèque
S'objecter à...	**S'opposer** à..., protester contre...
Soulever un point d'ordre (dans une assemblée délibérante)	**Invoquer le règlement, faire appel au règlement, en appeler d'un règlement**
Statut civil	**État civil**
Avoir du **support**	Avoir l'**appui de,** être soutenu par...
Il a été nommé **sur** un comité	Il a été nommé **à** un comité
Il est **sur** un comité	Il **fait partie,** il est **membre d'**un comité
Il siège **sur** le Conseil d'administration	Il siège **au** Conseil d'administration
T	
Temps double, temps et demi	**Taux majoré de 100 %, 50 % Heures majorées de 100 %, 50 % Majorations de 100 %, 50 % Salaire majoré de 100 %, 50 %**

Forme fautive	Forme correcte
Faire du **temps supplémentaire**	Faire des **heures supplémentaires**
Transiger avec une compagnie	**Être en relation d'affaires** avec une compagnie

U

Faire partie de l'**union**	Faire partie du **syndicat, être syndiqué**

V

Versus (vs)	**Contre (c.)**
Via les médias	**Par l'intermédiaire, par la voie** des médias

Difficultés grammaticales

A. Particularités orthographiques de certains adjectifs, pronoms, verbes, adverbes et conjonctions

Il faut distinguer :

Chaque (adjectif indéfini) et **chacun** (pronom indéfini) :

▶ Chaque crayon coûte vingt-cinq cents.
   mais
   Ces crayons coûtent vingt-cinq cents chacun.

C'est et ce sont

C'est est employé au singulier devant un nom singulier et devant les pronoms *nous* et *vous*. *Ce sont* est d'habitude employé au pluriel devant un nom pluriel non précédé d'une préposition et devant le pronom de la troisième personne du pluriel :

▶ C'est une belle pomme.
   mais
   Ce sont de belles pommes.

   Ce sont eux qui les vendent.
   mais
   C'est avec eux que nous avons réalisé ce projet.

Tout à coup et tout d'un coup

Tout à coup a le sens de « soudain », « subitement » :

▶ On entendit tout à coup gémir le blessé !

Tout d'un coup a le sens de « en une seule fois », « d'un seul coup » :

▶ Le régime du dictateur s'est écroulé tout d'un coup.

Aussitôt et aussi tôt

Aussitôt (en un mot) signifie « tout de suite », « au moment même » ; suivi de que, il a le sens de « dès que » :

▶ Il réagit aussitôt à l'affront.
Venez aussitôt que possible (c'est-à-dire dès que ce sera possible).

Aussi tôt (en deux mots) s'oppose à *aussi tard.*

▶ Il est arrivé aussi tôt que vous.
Venez aussi tôt que possible (par exemple, à 9 h du matin ou même à 8 h 30 si possible).

Plutôt et plus tôt

Plutôt implique une idée de choix ; il indique une préférence :

▶ Plutôt mourir que de céder à ce chantage.

Plus tôt (écrit en deux mots) implique une idée de temps ; il signifie le contraire de « plus tard » :

▶ Demain, vous devrez arriver plus tôt !

Quand et quant à

Quand est adverbe de temps ou conjonction :

▶ Quand viendrez-vous ?
J'ignore quand il reviendra.

Quant à signifie « en ce qui concerne », « pour ce qui est de » ; *quant* est toujours suivi de la préposition *à* ou de l'article contracté *au* :

▶ Quant aux propositions des membres . . .

Ou et où

Ou (sans accent) est conjonction de coordination et a le sens de « ou bien » ; il relie des mots ou des propositions :

▶ Je voyagerai en auto ou en train.

Où (avec accent) marque le lieu, le temps, la situation. Il est soit adverbe :

▶ Où avez-vous acheté ce livre ?
Je ne sais où vous avez pris cette idée.

soit pronom relatif :

▶ J'irai dans cette petite ville où tout semble si paisible.

Parce que et par ce que

Parce que (écrit en deux mots) a le sens de « pour la raison que » :

▶ Il tremble parce qu'il a froid.

Par ce que (écrit en trois mots) signifie « par la chose que », « par cela même que » :

▶ Par ce qu'il est et par ce qu'il possède, il est bien de sa classe et de son temps.

Quoique et quoi que

*Quoique (*en un seul mot) est une conjonction signifiant « bien que », « même si », « encore que » :

▶ Quoiqu'il soit très jeune . . .

Quoi que (en deux mots) a le sens de « quelle que soit la chose que » :

▶ Quoi que vous fassiez, vous n'y arriverez pas.

N. B. Comparer *quoi qu'il en soit,* formule figée signifiant « en tout cas », et *quoiqu'il en soit conscient,* c'est-à-dire « bien qu'il s'en rende compte ».

Il faut se rappeler que le **participe passé du verbe devoir** se prononce comme l'article contracté *du,* mais qu'il prend un accent circonflexe au masculin singulier : *dû.* Il ne prend cependant pas cet accent à ses trois autres formes (féminin singulier, masculin pluriel, féminin pluriel) : *due, dus, dues.*

Le **féminin de certains participes passés** est également à retenir :

▶ dissous, dissoute
absous, absoute
inclus, incluse
conclu, conclue
exclu, exclue
subi, subie, *mais* subit, subite (adjectif)

de même que l'**orthographe de certains participes présents, adjectifs verbaux et noms :**

▶ *Participe présent*   *Adjectif verbal*
communiquant   communicant
convainquant   convaincant
différant   différent
divergeant   divergent
excellant   excellent
extravaguant   extravagant
négligeant   négligent
précédant   précédent

Participe présent   *Nom*
différant   différend
fabriquant   fabricant
présidant   président
résidant   résident

B. Accord du participe passé

Le **participe passé employé sans auxiliaire** s'accorde comme un simple adjectif :

▶ Les bijoux volés . . .
Les événements attendus . . .

Certains participes comme *vu, passé, attendu,* etc., et certaines locutions ou expressions telles que *y compris, étant donné,* etc., sont invariables et considérés comme des formes figées lorsqu'ils sont placés immédiatement avant le nom précédé ou non d'un article ou d'un déterminatif :

▶ Étant donné les circonstances . . .
Passé trois semaines, j'aviserai . . .

Placés après le nom auquel ils se rapportent, ces participes s'accordent néanmoins comme de simples adjectifs :

▶ Il y a trois semaines passées ...

Le **participe passé des verbes conjugués avec l'auxiliaire être** s'accorde en genre et en nombre avec le sujet du verbe :

▶ Les feuilles sont tombées.

L'adjectif ou le participe passé qui se rapportent aux pronoms *vous* et *nous* représentant une seule personne (pluriel de politesse, de majesté, de modestie) restent au singulier et prennent le genre de la personne représentée :

▶ Vous êtes contente.
   Nous sommes parfaitement consciente de la difficulté du sujet traité (préface dont l'auteur est une femme).

Le **participe passé des verbes conjugués avec l'auxiliaire avoir** s'accorde en genre et en nombre avec le complément d'objet direct lorsque ce dernier précède le participe :

▶ La note que je vous ai envoyée ...
   Que d'utiles renseignements il m'a donnés !

Le participe demeure invariable si le verbe n'a pas de complément d'objet direct ou encore si le complément d'objet direct est placé après le participe :

▶ Où ont-ils travaillé ?
   Je vous ai envoyé une note précisant ...

Le **participe passé des verbes essentiellement pronominaux** (qui n'existent que sous la forme pronominale, comme *se souvenir, s'efforcer, s'évanouir,* etc.) s'accorde en genre et en nombre avec le sujet du verbe :

▶ Nous nous sommes parfaitement souvenus de ce qu'il nous a dit.

Le **participe passé des verbes transitifs ou intransitifs employés pronominalement** s'accorde en genre et en nombre avec le pronom (me, te, se, nous, vous) si celui-ci est complément d'objet direct. Si le complément d'objet direct est placé après le participe ou encore si le pronom est complément d'objet indirect, le participe reste invariable. Il est à noter que dans la conjugaison de ces verbes l'auxiliaire *être* est mis pour *avoir* ; aussi ces participes sont-ils traités comme s'ils étaient conjugués avec l'auxiliaire avoir :

▶ Elles se sont donné quelques moments de réflexion
   (c'est-à-dire elles ont donné à elles-mêmes . . .).

   Elles se sont données de tout leur cœur à cette tâche
   (c'est-à-dire elles ont donné elles-mêmes à cette tâche).

Dans de tels cas, le participe passé d'un verbe qui ne peut avoir de complément d'objet direct reste toujours invariable :

▶ Trois hommes se sont succédé à la présidence de . . .

Le **participe passé des verbes pronominaux non réfléchis** (où l'action ne se reporte pas sur le sujet comme *s'apercevoir, se jouer, se plaindre, s'ennuyer,* etc.) s'accorde avec le sujet, de la même façon que le participe des verbes essentiellement pronominaux :

▶ Nous nous sommes aperçus de notre erreur un peu trop tard.

Le **participe passé d'un verbe pronominal à sens passif** s'accorde également avec le sujet :

▶ Ces nouvelles se sont répandues très vite.

Le **participe passé du verbe pronominal suivi d'un adjectif attribut du pronom réfléchi** s'accorde avec ce pronom :

▶ Ils se sont déclarés non responsables de . . .

Le **participe passé suivi d'un infinitif** s'accorde si le complément d'objet direct, étant placé avant le participe, fait l'action exprimée par l'infinitif :

▶ Les enfants que j'ai entendus gémir . . .

En revanche, si le complément d'objet direct ne fait pas l'action exprimée par l'infinitif, le participe reste invariable :

▶ Les discours que j'ai entendu prononcer . . .

Si l'infinitif est sous-entendu, le participe est toujours invariable :

▶ Je lui ai rendu tous les services que j'ai pu...

Il faut se rappeler enfin que les participes passés **voulu, cru, pu** et **su** sont toujours invariables là où l'on peut sous-entendre l'infinitif :

▶ Tu n'a pas obtenu les résultats que tu aurais pu...

Coûté, vécu, pesé et **valu** sont invariables quand ils sont accompagnés d'un complément exprimant le prix, la durée, le poids, la valeur :

▶ Les 12 000 dollars que m'ont coûté cet échec...

> *mais*

Les efforts que m'a coûtés ce travail...
La joie que m'a value cette lettre...

Dormi et **régné** sont toujours invariables parce que les compléments dont ils peuvent être suivis sans préposition sont des compléments de durée et non d'objet direct :

▶ Les années que ce roi a régné...

C. Cas particuliers d'accord

Accord du verbe après un nom collectif

Dans la façon dont le verbe s'accorde avec certains noms collectifs, il faut distinguer entre accord de forme et accord de pensée : l'accord se fait avec celui des deux mots (le sujet ou le complément) sur lequel on arrête sa pensée.

On peut donc, suivant le cas, dire :

▶ Une majorité des députés s'est groupée autour du gouvernement.
Une majorité des assistants se sont ralliés à cette proposition.
Une foule d'étudiants s'était rassemblée...
Une foule d'étudiants s'étaient rassemblés...

Toutefois, l'accord des collectifs *la plupart, beaucoup de, bien des, une infinité de, assez de, trop de, combien de, tant de* et *nombre de* se fait avec le complément :

▶ Une infinité de suggestions ont été proposées ; la plupart étaient très pertinentes.

Accord de ci-joint, ci-inclus, ci-annexé

Ci-joint, ci-inclus et *ci-annexé* sont invariables lorsqu'ils sont placés au début d'une phrase ou lorsqu'ils précèdent immédiatement le nom auquel ils se rapportent :

▶ Ci-joint une lettre vous invitant . . .
Vous trouverez ci-joint copie de la note . . .

Ils sont au choix variables ou invariables lorsqu'ils sont placés devant un nom précédé lui-même d'un article, d'un adjectif possessif ou numéral :

▶ Vous trouverez ci-inclus ou ci-incluse la copie que . . .

Ils sont toujours variables lorsqu'ils sont placés après le nom :

▶ Nous vous prions de nous retourner les formulaires ci-joints.

Accord de tel et tel que

Tel, employé seul, s'accorde avec le pronom ou le nom qui suit :

▶ Telles sont les propositions faites par notre comité.

La locution *tel que* est fautive lorsque *tel* ne peut être rattaché à un nom ou à un pronom, mais se rapporte à toute une proposition. Dans ce cas, il faut employer *comme, ainsi que.*

On n'écrira donc pas :

▶ Tel qu'annoncé, la réunion se tiendra à 15 h 30.
   mais
Comme nous l'avons annoncé, la réunion se tiendra à 15 h 30.
Ainsi qu'il a été annoncé, . . .

Lorsque *tel* est suivi de *que,* il s'accorde avec le pronom ou le nom qui précède :

▶ Ma vieille maison, je l'ai retrouvée telle que je l'avais quittée il y a sept ans.

Accord de demi

Demi placé devant un nom est toujours invariable et se joint au nom par un trait d'union :

▶ Plusieurs demi-heures.

Placé après le nom, il s'accorde en genre seulement, car *demi* n'a pas de pluriel :

▶ Six kilomètres et demi.
Quatre heures et demie.

Accord de possible

Possible est invariable lorsqu'il est placé après un nom pluriel précédé d'un superlatif :

▶ Ce rapport doit contenir le plus de renseignements possible (c'est-à-dire : qu'il est possible d'y mettre).

Il s'accorde dans les autres cas :

▶ Je vous ai donné toutes les chances possibles pour . . .

Accord des adjectifs désignant la couleur

Les adjectifs désignant la couleur s'accordent généralement avec le nom auquel ils se rapportent :

▶ Il a les yeux bleus.

Cependant, l'accord ne se fait pas lorsque la désignation de la couleur prend la forme :

● de deux adjectifs unis par un trait d'union pour marquer qu'une couleur tire sur l'autre :

▶ Une robe gris-bleu.

● d'un adjectif suivi, sans trait d'union, d'un adjectif ou d'un nom d'objet pour préciser la nuance de la couleur plutôt qu'un mélange :

▶ Des yeux bleu clair.
Des rubans vert pomme.

● de deux ou de plusieurs adjectifs de couleur juxtaposés sur un même objet :

▶ Des drapeaux bleu, blanc, rouge.

● d'un substantif dont la couleur exprimée est caractéristique de l'objet :

▶ Des yeux noisette.
Une robe marron.

Accord des adjectifs numéraux

L'adjectif numéral ordinal prend le genre et le nombre du nom auquel il se rapporte ; cependant l'adjectif numéral cardinal est invariable, sauf dans le cas de *vingt* et de *cent* :

▶ Les premières questions.
Ces quatre maisons.

Vingt et *cent* font l'objet d'une règle particulière. Ils varient lorsqu'ils sont multipliés et suivis d'un nom ; ils restent cependant invariables lorsqu'ils sont suivis d'un autre nombre :

▶ quatre-vingts dollars
trois cents kilomètres
trois cent quatre kilomètres
quatre-vingt-deux dollars

N. B. Lorsque l'on écrit en toutes lettres *l'année mil neuf cent quatre-vingt, quatre-vingt* ne prend pas d'*s,* car il est alors employé comme adjectif numéral ordinal, signifiant la « quatre-vingtième année ». On écrit de même *page quatre-vingt.*

Accord de même

Même s'accorde lorsqu'il précède immédiatement un nom, lorsqu'il se rapporte à un pronom personnel ou lorsqu'il est attribut, se rapportant à un nom ou à un pronom sujet :

▶ J'avais les mêmes espoirs que lui ...
Les enfants eux-mêmes désiraient ...
Face à ce projet, nos espoirs sont les mêmes ...

Il demeure invariable lorsqu'il se rapporte à un verbe, à un adverbe, à un adjectif ou à un participe :

▶ Même perdus dans la forêt, les chasseurs ...
Ils accepteront même aujourd'hui !

Accord de tout

Tout s'accorde lorsqu'il est adjectif indéfini, c'est-à-dire lorsqu'il se rapporte à un nom ou à un pronom :

▶ Je vous offre toutes ces roses.
J'ai cultivé toutes celles que vous voyez.

Quand il se rapporte à un adjectif, à un participe ou à un adverbe, au sens d'« entièrement », « complètement », *tout* est adverbe et demeure en principe invariable :

▶ Ils sont tout prêts à vous rendre service.
Vos tout dévoués.
Elle était tout étonnée.
Cette maison a été repeinte tout récemment.

Toutefois , *tout* s'accorde en genre et en nombre avec un adjectif ou un participe féminins commençant par une consonne ou un *h* aspiré :

▶ Elles nous sont toutes dévouées.
Elle était toute honteuse.

Accord de quelque

Placé devant un nom, *quelque* est employé comme adjectif indéfini et s'accorde :

▶ Quelques feuilles sont tombées.
Quelques contestataires continuèrent le débat.

Il est employé comme adverbe et par conséquent est invariable lorsqu'il signifie « environ », « à peu près »:

▶ On en reparlera dans quelque trois semaines.

De même, il reste invariable lorsqu'il précède un adjectif, un participe, un adverbe lui-même suivi de *que*. Il a alors le sens intensif de « si »:

▶ Si habiles, quelque habiles qu'ils soient . . .

D. Concordance des temps

Il faut respecter le *rapport* existant entre le temps de la proposition principale et celui de la proposition subordonnée.

Parmi les rapports les plus fréquents, citons ceux où :

1. *a*) le verbe de la principale est au *présent*
   ▶ Je pense

   celui de la subordonnée est *au passé*
   qu'il a remis son rapport.

   b) le verbe de la principale est à un *temps passé*
   ▶ Je pensais

   celui de la subordonnée est au *plus-que-parfait*
   qu'il avait remis son rapport.

2. *a*) le verbe de la principale est au *présent*
   ▶ Je pense

   celui de la subordonnée est au *futur*
   qu'il remettra son rapport.

   b) le verbe de la principale est à un *temps passé*

   ▶ J'avais pensé

   celui de la subordonnée est au *passé dans le futur (conditionnel)*
   qu'il remettrait son rapport.

3. *a*) le verbe de la principale est au *conditionnel présent*
   ▶ Il remettrait son rapport

   celui de la subordonnée est à l'*imparfait*
   s'il pouvait.

   b) le verbe de la principale est au *conditionnel* passé
   ▶ Il aurait remis son rapport

   celui de la subordonnée est au *plus-que-parfait*
   s'il avait pu.

4. *a*) le verbe de la principale est au *présent*
   ▶ Je souhaite

   celui de la subordonnée est au *subjonctif présent*
   qu'il remette son rapport.

   b) le verbe de la principale est à un *temps passé*

   ▶ Je souhaitais

   celui de la subordonnée est à l'*imparfait* ou au *présent du subjonctif*
   qu'il remît ou qu'il remette son rapport.

E. Féminisation des titres

Relativement au genre des appellations d'emploi, l'Office de la langue française a recommandé l'utilisation des formes féminines dans tous les cas possibles :

— soit à l'aide du féminin usité : couturière, infirmière, avocate ;

— soit à l'aide du terme épicène marqué par un déterminant féminin : une journaliste, une architecte, une ministre ;

— soit par la création spontanée d'une forme féminine qui respecte la morphologie française : députée, chirurgienne, praticienne ;

— soit par l'adjonction du mot femme : femme-magistrat, femme-chef d'entreprise, femme-ingénieur.

Vocabulaire technique illustré

A. Articles de bureau
Attaches-lettres, attaches de bureau (générique)

Trombones *m.*	Attache (géante) croisée *f.*

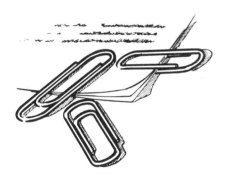

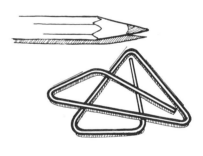

Attaches parisiennes *f.*	Chevrons *m.*, attaches à chevrons *f.*

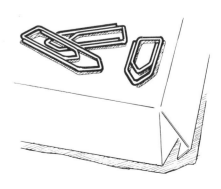

Pince-notes *m.*

Pince (à dessin) *f.*

Punaises *f.*

Agrafeuse *f.*

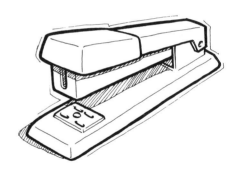

Agrafes *f.*

Dégrafeuse *f.,*

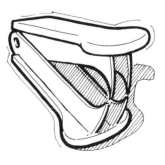

pistolet cloueur *m.*

Pince à étiqueter *f.*

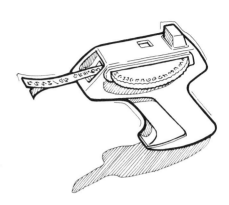

Tampon encreur *m.*

Numéroteur *m.*

Porte-timbres (à plateau) *m.*

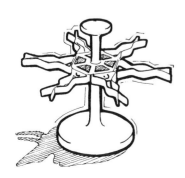

Timbre dateur *m.*,
dateur *m.*

Sébile (de bureau) *f.*

Timbre (de caoutchouc) *m.,*
timbre caoutchouc *m.*

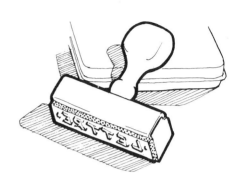

Perforateur *m.,* (à 1, 2, 3 trous ou
perforatrice *f.*   1, 2, 3 emporte-pièce)

Taille-crayon (fixe) *m.*

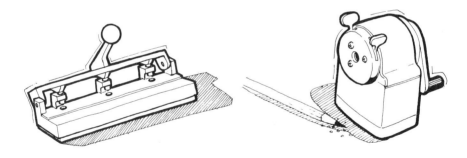

Taille-crayon *m.*

Gomme *f.*

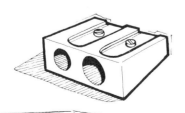

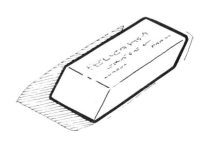

Gomme deux usages
(encre et crayon) *f.*

Gomme ronde *f.*

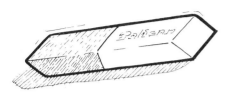

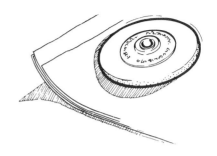

Stylo à bille *m.*,
stylo bille *m.*

Stylo *m.*

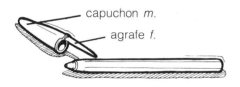

capuchon *m.*

agrafe *f.*

Porte-mine *m.*

Porte-stylo *m.*,
stylo sur socle *m.*

Crayon feutre *m.*,
feutre *m.*

Marqueur *m.*

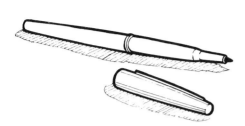

Crayon *m.*

Jeu de crayons de couleur *m.*

embout gomme *m.*

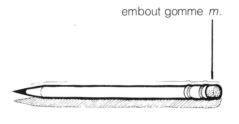

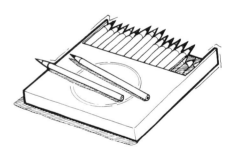

Sous-main *m.*

Correcteur liquide *m.*

Planchette (à arches ou à pinces) *f.*,
porte-bloc *m.*

Ruban correcteur *m.*

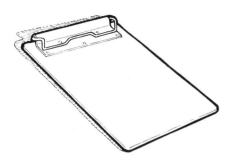

Pâte pour le nettoyage des
caractères des machines à écrire *f.*

Répertoire téléphonique *m.*

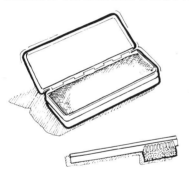

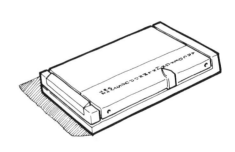

Bloc-éphéméride *m.*

Bloc-éphéméride sur socle *m.*

Bloc-correspondance *m.*,
bloc de papier à lettres *m.*

Bloc-notes *m.*

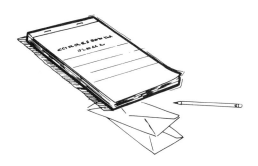

Bloc-sténo *m.*

Carnet *m.*

Agenda *m.*

Registre (comptable) *m.*

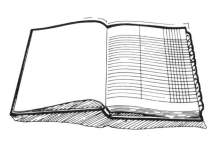

Porte-rouleau *m.*,
dévidoir de papier *m.*

Pique- notes *m.*

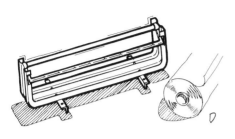

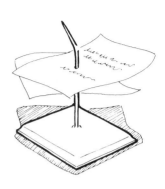

Bloc-messages téléphoniques *m.*

Bordereau de transmission *m.*

Mme
Mlle ....
M.
Reçu de : ....

☐ Prière d'appeler n° : ...., poste : ....

☐ Rappellera   jour : ....h :......

☐ Prière d'appeler la standardiste, n° : ....

endroit : ....

☐ Désire vous voir ; jour : ....h : ......

endroit : ....

....

Objet : ....

....

....

....

....

Reçu par : ....

Date : ....Nom : ....

🔷 **Gouvernement**   Message
   du Québec

À

De

☐ Appeler S.V.P.   N° tél.

☐ Rappellera   ☐ Désire vous voir   ☐

☐ Prendre note   ☐ Retourner avec   ☐ Répondre
  et classer   plus de détails   S.V.P.

☐ Prendre note   ☐ À titre de   ☐ Préparer réponse
  et faire suivre   renseignement   pour signature

☐ Prendre note   ☐ Pour votre   ☐ Pour enquête
  et retourner   approbation   et rapport

☐ Prendre note   ☐ Pour votre   ☐ Donner
  et me voir   signature   suite

☐ Retourner avec ☐   ☐
  vos commentaires

Commentaires

Reçu par :   Heure   Date

672-9103

Dévidoir de ruban adhésif *m.*

Mouilleur *m.*

Serre-livres *m.*

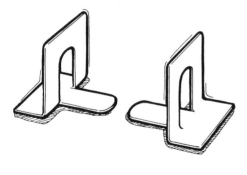

Corbeille à courrier *f.*,
boîte à courrier *f.*

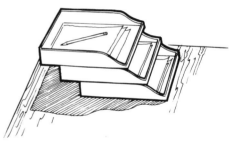

Massicot *m.*,
cisaille (de bureau) *f.*

Ciseaux *m. pl.*

Règle de conversion *f.*

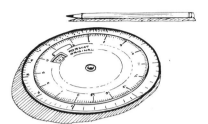

Doigtier (à picots) *m.*

Coupe-papier *m.*,
ouvre-lettres *m.*

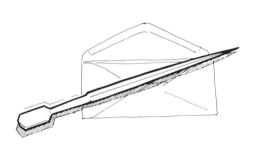

Corbeille à papiers *f.*

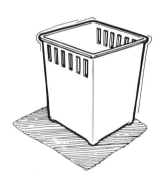

Tableau d'affichage *m.*

Mallette *f.*

Coffret-caisse *m.*

Porte-documents *m.*

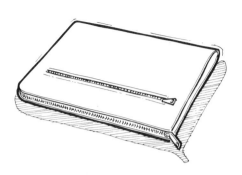

B. Articles de classement

Chemise (de classement) *f.*

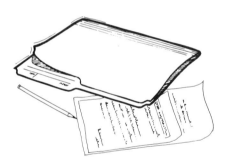

Dossier suspendu *m.*

Pochette de classement *f.*, pochette-
classeur *f.*, chemise à soufflet *f.*

Pochette (de presse ou d'information) *f.*,
dossier à rabat *m.*

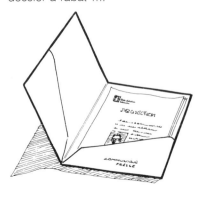

Boîte-classeur *f.*

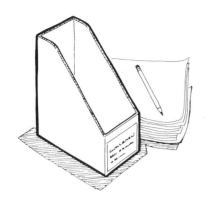

Reliure à glissière *f.*

Reliure à ressort *f.*

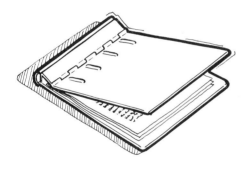

Reliure à anneaux *f.*

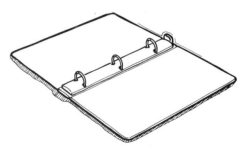

Reliure à sangle *f.*

Reliure à pince *f.*

Reliure spirale ou hélicoïdale *f.*

Feuilles mobiles *f.*,
feuillets mobiles *m.*

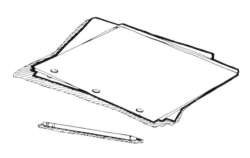

Œillets gommés *m.*

Protège-documents *m.*

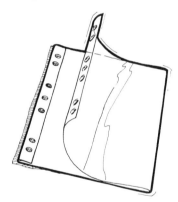

Boîte à fiches *f.*

Classeur à compartiments verticaux *m.*

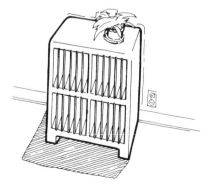

Casier de rangement *m.*,
casier à compartiments *m.*

Fichier *m.*

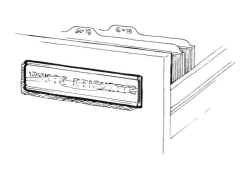

Porte-étiquette *m.*

Tiroir *m.*

tringle métallique *f.*
compresseur *m.*

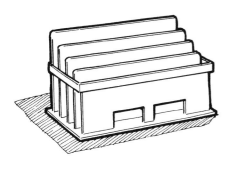

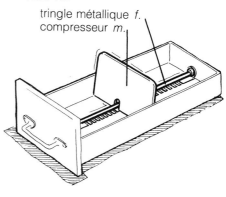

Fiches *f.*

Fichier rotatif *m.*,
fichier à tambour *m.*

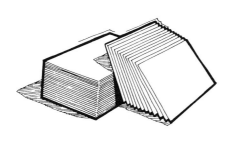

Fichier à fiches visibles *m.*

Classeur *m.*

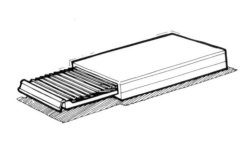

Classeur à clapets *m.*

Classeur à plans horizontal *m.*

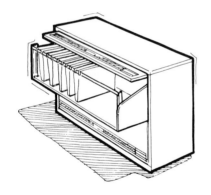

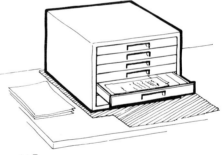

N.B.
Ce classeur peut aussi être vertical.

Bac de classement *m.*

Chariot (de classement) *m.*

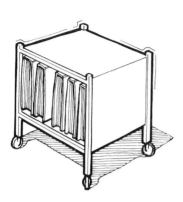

Feuillets intercalaires *m.*

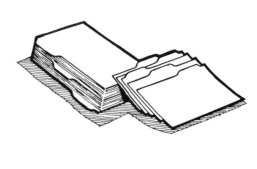

Guides de classement *m.*
— à index alphabétique
— à index numérique

Cavaliers *m.*

Onglets *m.*

Onglets à fenêtres *m.*

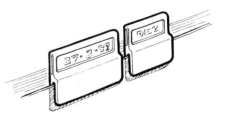

C. Articles d'emballage

Étiquettes gommées, adhésives, autocollantes *f.*

Étiquettes à liseré rouge, jaune, vert, etc. *f.*

Papier d'emballage (kraft) en rouleau *m.*

Dévidoir de papier gommé d'emballage (kraft) *m.*

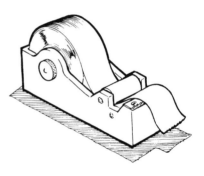

Ficelle d'emballage *f.*

Ruban cache adhésif *m.*

D. Mobilier de bureau

Bureau à machine rentrante *m*.

tirette *f*., planchette *f*.

chaise dactylo *f*., chaise pivotante
ou tournante *f*., chaise à bascule *f*.

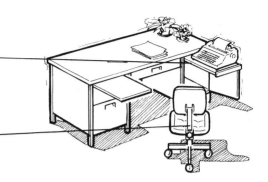

Bureau ministre *m*., bureau
de direction *m*., bureau à
deux caissons *m*.

fauteuil pivotant ou
tournant *m*., fauteuil
à bascule *m*.

Bureau secrétaire *m*., bureau
dactylo (avec retour) *m*.

Cloisonnette *f*.,
cloison amovible *f*.

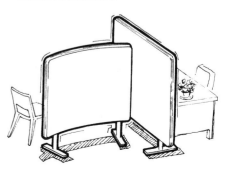

Sièges modules *m.*

Fauteuil *m.*

Chaise *f.*

Chaises (empilables) *f.*

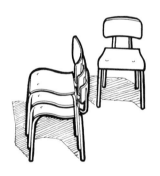

Tabouret (fixe) *m.*

Tabouret (à roulettes escamotables) *m.*

Armoire- vestiaire *f.*

Porte-manteau *m.*

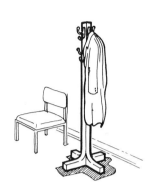

Patère *f.*

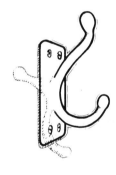

Vestiaire
(de bureau) *m.*

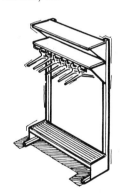

Armoire à papeterie *f.*,
armoire à fournitures *f.*

Présentoir à revues *m.*

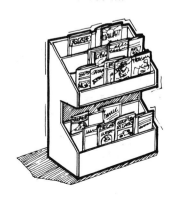

Rayonnage *m.*,
bibliothèque *f.*

E. Appareils et machines de bureau

Horloge de pointage *f.*,   Climatiseur *m.*
horodateur *m.*

   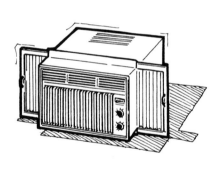

Pèse-lettres *m.*   Imprimante à cartes *f.*

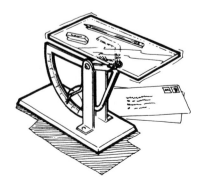   

Machine à cacheter
(ou à fermer les enveloppes) *f.*

Machine à signer et
à endosser les chèques *f.*

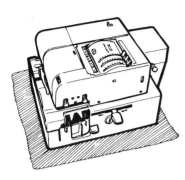

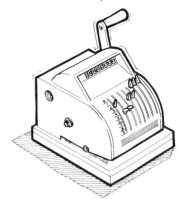

Magnétophone portatif *m.*

Magnétophone *m.*

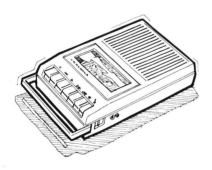

Machine à dicter *f.*

Caisse enregistreuse *f.*,
tiroir-caisse *m.*

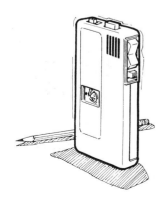

Calculatrice *f.*

Duplicateur *m.*

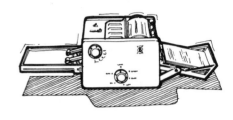

Photocopieur *m.*,
photocopieuse *f.*

Machine à additionner *f.*,
additionneuse *f.*

Téléimprimeur *m.*

Terminal (à écran cathodique) *m.*

télex *m.*,
bande télex *f.*

Machine à traitement de texte *f.*

Machine à écrire portative *f.*

Machine à écrire *f.*

Ruban encreur *m.*

Housse *f.*

Appareils téléphoniques (générique)

Poste *m.*

Poste mural *m.*

Appareil
mains libres *m.*

Poste d'intercommunication *m.*

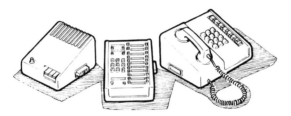

Composeur
automatique *m.*

Pupitre dirigeur *m.*

Standard *m.*

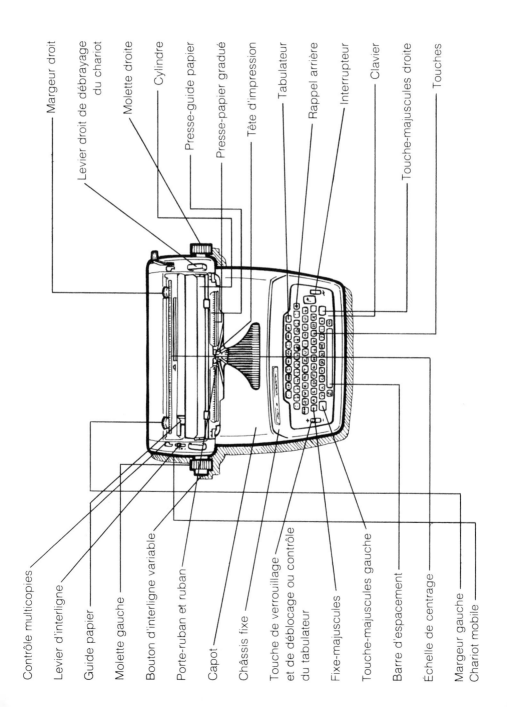

Margeur droit

Levier droit de débrayage du chariot

Molette droite

Cylindre

Presse-guide papier

Presse-papier gradué

Tête d'impression

Tabulateur

Rappel arrière

Interrupteur

Clavier

Touche-majuscules droite

Touches

Contrôle multicopies

Levier d'interligne

Guide papier

Molette gauche

Bouton d'interligne variable

Porte-ruban et ruban

Capot

Châssis fixe

Touche de verrouillage et de déblocage ou contrôle du tabulateur

Fixe-majuscules

Touche-majuscules gauche

Barre d'espacement

Échelle de centrage

Margeur gauche

Chariot mobile

Majuscules, abréviations et signes de ponctuation

Quelques emplois de la majuscule

On peut distinguer deux types de majuscules. D'une part, la *majuscule de position,* qui est demandée par la place d'un mot dans un texte, par exemple en tête de phrase ou après un point, la plupart des points d'interrogation, d'exclamation ; il en est de même dans le cas des points de suspension lorsqu'ils terminent la phrase et des deux points lorsqu'ils annoncent une citation. La règle peut également s'appliquer aux divers alinéas d'une énumération qui commencent par des lettres ou des numéros de classement. D'autre part, la *majuscule de signification* ; elle est utilisée pour les noms propres et pour certains noms communs qui, en raison de leur situation, deviennent à toutes fins utiles des noms propres. Il sera question ici des principaux emplois de la majuscule de signification.

A. Noms propres

On met une majuscule initiale à tous les noms propres :

— les **noms de personnes** (noms, prénoms, pseudonymes, surnoms), et notamment de **personnages souverains** (rois, papes, empereurs) ou de **dynasties.** Mais la particule nobiliaire prend la minuscule :

▶ les Tudor
les fables de La Fontaine
Alfred de Musset

N. B. *Du* et *des* prennent généralement la majuscule :

▶ Maxime Du Camp
le chevalier Des Grieux

— les **noms de races, de peuples, de groupes d'habitants :**

▶ les Québécois
les Américains
les Canadiens français
les Indiens
les Néo-Canadiens
les Montréalais
les Israéliens

S'ils sont employés comme noms pour désigner la langue, ou comme adjectifs qualificatifs, ces mots prennent la minuscule :

▶ enseigner l'italien, le français
le peuple québécois
le flegme britannique
les projets algonquins
le mobilier scandinave

— les **noms de fêtes religieuses** ou **nationales :**

▶ la Toussaint
la Pentecôte
la fête du Travail

— les **noms de certaines époques, faits, dates, lieux histo-riques :**

▶ le Moyen Âge
l'Inquisition
la Ruée vers l'or
la Seconde Guerre mondiale (1939-1945)

— les **noms de divinités païennes, héros de légende** et le **nom de Dieu pris dans un sens absolu :**

▶ Jupiter, Aphrodite, Hercule,
Dieu, la Providence, le Créateur,
l'Esprit-Saint

mais on écrira :
les dieux païens
Cet homme est pour lui un dieu !

— les **noms géographiques attribués en propre à un pays, à une ville, à une mer, etc. :**

▶ la Méditerranée
le Québec
les Alpes
New York
Rio de Janeiro

B. Noms communs

La majuscule initiale s'emploie également dans le cas de certains noms communs ou adjectifs assimilés à des noms propres : ils sont alors employés dans un sens absolu ou revêtent une signification particulière.

La majuscule initiale est mise au mot (substantif ou adjectif) sur lequel porte la spécificité. De plus, l'adjectif qui précède ce mot prend généralement la majuscule initiale :

▶ le Marché commun
le Code civil
le Grand Prix de Montréal
mais
le prix Nobel
le prix Goncourt
la coupe Davis

Les **titres de journaux et de périodiques** prennent également la majuscule initiale :

▶ *La Presse*
La Tribune
Le Nouvel Observateur

Le mot **église** prend une initiale majuscule lorsqu'il désigne la doctrine spirituelle ou morale, l'ensemble des fidèles ou un groupe constituant une unité administrative ou morale :

▶ l'Église catholique
les décisions de l'Église

Cependant, lorsque le mot *église* signifie le lieu du culte, le bâtiment, etc., il prend une minuscule :

▶ consacrer une église
   défiler devant l'église

Le mot **état** prend une majuscule initiale lorsqu'il désigne le gouvernement d'un pays, l'administration ou la communauté nationale :

▶ un homme d'État
   les lois, les affaires de l'État

Les mots **province** et **gouvernement** dans les expressions **province de Québec, gouvernement du Québec, gouvernement provincial, gouvernement fédéral,** etc., prennent la minuscule initiale :

▶ les différentes villes et municipalités de la province de Québec
   les fonctionnaires du gouvernement du Québec

Le mot **loi** prend une minuscule initiale lorsque l'on cite le titre d'une loi en toutes lettres :

▶ la loi sur la protection du consommateur

et lorsque l'on se réfère à l'ensemble des textes législatifs :

▶ les différentes lois adoptées au Québec

Le mot **hôtel de ville** prend des majuscules s'il désigne l'administration ; il garde des minuscules s'il s'agit du bâtiment :

▶ passer devant l'hôtel de ville
   une décision de l'Hôtel de Ville

C. Noms géographiques : toponymes et odonymes

Ces noms sont généralement formés de deux éléments, dont le premier est le générique et le second le spécifique. Le générique prend une minuscule et le spécifique une majuscule :

▶ le golfe de Gascogne
   la mer Rouge

le cap Vert
le mont Royal
l'océan Atlantique

L'**élément générique d'un odonyme** commence également par une minuscule dans un texte suivi et dans une adresse :

▶ Son bureau est situé au numéro 3540 du boulevard André-Mathieu.

Les **points cardinaux** rattachés à une voie de circulation commencent par une majuscule :

▶ Le boulevard du Versant-Nord est une voie parallèle au boulevard Charest Ouest.

D. Noms de sociétés, d'organismes publics ou privés et d'entités administratives

L'initiale des noms de sociétés, d'organismes publics ou privés et d'entités administratives pose d'incessants problèmes dans la langue commerciale et administrative ; nous proposons donc à son sujet quelques principes de solution.

Observation générale

L'usage s'est établi d'employer la majuscule au premier terme des dénominations de groupements, chaque fois que l'on entend souligner le caractère unique des institutions qu'elles représentent, ce qui en fait des noms propres plutôt que des noms communs. Il va de soi que, cette notion d'unicité étant relative à l'étendue du territoire envisagé (ville, région, pays) et à l'importance qu'on accorde à telle société ou à tel organisme, tout jugement sur ce point comporte une part de subjectivité. Aussi l'usage est-il particulièrement flottant en cette matière et, faute de règles formelles, on ne peut dégager que quelques tendances.

Conseils pratiques

1. **Éviter de multiplier les majuscules.** N'employer, dans toute la mesure du possible, qu'une seule majuscule par appellation, si longue soit-elle :

▶ la Société générale immobilière des constructeurs d'habitations

Toutefois, on devra écrire, par exemple, avec deux majuscules : la Banque du Canada. De même, s'il s'agit d'une appellation complexe, incluant une seconde locution avec majuscule initiale, on peut ou on doit, selon le cas, garder les deux majuscules :

▶ l'Organisation des Nations unies

2. Se garder de calquer l'usage anglais.

Comparer :

▶ Fédération des médecins spécialistes du Québec
et
Federation of Medical Specialists of Quebec ;

Association internationale des machinistes
et
International Association of Machinists ;

Association provinciale des constructeurs d'habitations du Québec
et
Quebec Provincial Home Builders Association.

3. Ne pas se laisser non plus induire en erreur par les sigles dont toutes les lettres sont des majuscules. On écrit : La Banque internationale pour la reconstruction et le développement, malgré le sigle B.I.R.D. ; le Centre d'études des techniques agricoles, malgré le sigle C.E.T.A. ; l'Agence canadienne de développement international, malgré le sigle ACDI.

4. Mettre de préférence la majuscule au premier mot dans les cas suivants :

— **dénominations d'associations** ayant un but scientifique, littéraire, artistique, sportif ou social :

▶ l'Association générale des étudiants du collège de Nicolet
le Cercle d'économie de la future ménagère
l'Académie de médecine
l'Union régionale des animateurs sociaux
la Fédération québécoise des sports d'hiver
le Centre d'artisanat international
la Chambre de commerce de Montréal

— **compagnies** ou **sociétés** commerciales, agricoles, indus-
trielles et financières :

▶ le Crédit foncier
le Comptoir national de financement
les Chantiers maritimes de Lauzon
la Caisse populaire de Québec
la Banque populaire provinciale d'économie
la Société générale immobilière des constructeurs d'habitations
la Compagnie d'assurance canadienne générale

— **expositions, galeries, salons, foires, manifestations commerciales ou artistiques :**

▶ l'Exposition provinciale du tourisme
la Foire régionale gaspésienne
la Biennale de la langue française
la Galerie des artistes pop
le Salon des photographes engagés

— **dénominations déterminées ou qualifiées par des noms
communs désignant des organismes uniques dans un État,** ou
donnant à ceux-ci un sens particulier et bien spécialisé :

▶ la Société des alcools du Québec
l'Éditeur officiel du Québec
l'Assemblée nationale du Québec
le Conservatoire de musique
l'Institut national des sports
le Conseil supérieur de l'éducation
l'Office franco-québécois pour la jeunesse
la Caisse nationale de retraite des travailleurs âgés
la Bibliothèque nationale
les Archives nationales
le Musée du Québec
le Bureau de surveillance du cinéma du Québec
la Société canadienne d'hypothèques et de logement
le Syndicat des fonctionnaires provinciaux
la Sûreté du Québec
la Fédération des travailleurs du Québec
la Commission d'assurance-chômage
le Conseil de sécurité

la Chambre des communes (mais les Communes)
la Cour des sessions de la paix
le Haut-Commissariat à la jeunesse, aux loisirs et aux sports

Le **nom des entités administratives** (direction, service, division, section, etc.) prend également la majuscule initiale lorsque l'on veut souligner le caractère unique des entités dans l'organisation administrative. Il en va de même pour les dénominations universitaires (faculté, département, école, institut, etc.) :

▶ la Direction générale du développement pédagogique
le Service des communications du ministère de l'Éducation
la Division de la voie publique
l'Institut d'études romanes
la Faculté de médecine
le Département de linguistique
l'École polytechnique

Elles conservent cependant la minuscule lorsque l'entité désignée est considérée comme un nom commun, le représentant de toute une catégorie d'entités semblables :

▶ Les différentes directions de cet organisme . . .
Parmi les facultés intéressées . . .

Si, dans le corps d'un texte, ces dénominations sont employées sans qualificatif ni déterminatif, mais représentent nettement les organismes comme personnes morales, elles prennent tout de même la majuscule initiale.

Il en va de même des termes *assemblée, conseil, comité, cabinet,* etc. :

▶ le Conseil (du trésor) a décidé . . .
la Faculté (de médecine) a proposé . . .
l'Assemblée (législative) a promulgué . . .

Cependant, lorsqu'un nom propre détermine la dénomination, il est recommandé de mettre la *minuscule* au mot initial :

▶ l'académie Émile-Nelligan
le collège François-Xavier-Garneau
la polyvalente Aubert-de-Gaspé

le laboratoire Pasteur
la bibliothèque de Rimouski
l'école Saint-Mathieu

Toutefois, dans la dénomination des établissements universitaires, la coutume, en Amérique du Nord, est d'écrire *université* avec une majuscule :

▶ l'Université de Sherbrooke
l'Université du Québec à Montréal

Enfin, l'usage observé ici est de mettre une majuscule à la désignation du domaine que gère le ministère, **ministère** s'écrivant avec une minuscule :

▶ le ministère des Affaires intergouvernementales
le ministère des Loisirs
le ministère de l'Industrie, du Commerce et du Tourisme
le secrétariat du ministère de l'Éducation

Si, dans un texte, on fait l'ellipse du déterminatif (par exemple des *Affaires intergouvernementales*), le mot *ministère* prend alors la majuscule initiale, portant ainsi le caractère propre de la dénomination :

▶ L'Assemblée nationale a demandé au ministère des Affaires intergouvernementales . . .
Le Ministère accepte de . . .

E. Appellations de convenance

On met une majuscule dans les appellations de convenance, aux titres et qualités remplaçant le nom d'une personne :

▶ Mme la Sous-Ministre
M. le Vice-Président de l'approvisionnement
Mme la Secrétaire-Trésorière
M. le Chef du bureau des méthodes

Et lorsqu'on s'adresse aux personnes elles-mêmes dans les formules de politesse :

▶ Veuillez agréer, Monsieur le Président, ...Madame la Ministre, ...

Cependant, à l'intérieur d'un texte, les titres ou qualités *suivis* d'un nom propre de personne s'écrivent avec une *minuscule* :

▶ le vice-président aux finances, Pierre Lessard
le directeur de l'usine, Armand Bureau
Mme la ministre Jeanne Fréchette
M. le député Claude Lesieur
Son Éminence le cardinal Roy
Sa Majesté la reine Élisabeth

Accents sur les majuscules

Selon un avis de recommandation de l'Office de la langue française, les majuscules prennent les accents, le tréma et la cédille lorsque les minuscules équivalentes en comportent :

▶ FAÇON PRÉCISE DE CULTIVER LE MAÏS

Les majuscules apparaissant dans les abréviations prennent également l'accent :

▶ Électr. (Électricité)
N.-É. (Nouvelle-Écosse)

Toutefois, les sigles et les acronymes ne prennent jamais d'accent :

▶ E.N.A.P. (École nationale d'administration publique)
P.E.P.S. (Pavillon de l'éducation physique et des sports)

Abréviations

L'*abréviation* est la forme réduite d'un mot résultant du retranchement d'une partie des lettres de ce mot[1].

A. Emploi de l'abréviation

1. Règle générale

Il faut abréger le moins possible, car cela nuit à la clarté et à la bonne compréhension du texte. Les abréviations sont plutôt réservées aux notes, commentaires, indications de sources, index, tableaux, annuaires, etc. Dans les communications courantes entre collègues, elles dénotent souvent une certaine familiarité et parfois un peu de désinvolture.

2. Cas particuliers

Il existe d'ailleurs certaines normes établies par le bon usage, selon lesquelles l'abréviation est proscrite ou déconseillée, dans des cas très précis, notamment lorsque l'on écrit un nom propre de personne, un titre de civilité ou honorifique, et enfin dans les appels et les suscriptions, lorsque l'on s'adresse directement à la personne. Dans le cas d'un titre de civilité ou honorifique, l'abréviation n'est de mise que si elle est suivie du nom propre de la personne dont on parle, ou d'un second titre :

▶ M. Dupont arrivera demain.
Le discours de M. le ministre Jean Fréchette fut très apprécié.
S.M. la reine Élisabeth viendra au Canada
(*mais on écrira :* Sa Majesté viendra au Canada).

---

1. OFFICE DE LA LANGUE FRANÇAISE, *Vocabulaire systématique de la terminologie,* Montréal, 1979, p. 41.

a) *Abréviation des toponymes et odonymes*[1]

En règle générale, l'élément générique et l'élément spécifique d'un toponyme et d'un odonyme ne devraient pas être abrégés :

▶ la ville de Notre-Dame-du-Lac
   et non
   la ville de N.-D.-du-Lac

Quant à l'adjectif *saint,* il vaut toujours mieux ne pas l'abréger, qu'il soit rattaché à un nom de ville, de lieu géographique ou de voie publique.

L'abréviation de *saint* dans un nom de famille n'est pas de mise. De même, les nombres qui font partie des toponymes administratifs doivent être écrits en toutes lettres :

▶ Trois-Rivières *et non* 3-Rivières

b) *Abréviation des numéraux ordinaux*

L'abréviation des expressions ordinales se fait de la façon suivante :

▶ 1er (premier) 1ers (premiers)
   1re (première) 1res (premières)
   2e (deuxième) 2es (deuxièmes)

L'abréviation *ième* est à éviter. Les lettres indicatrices de la forme ordinale sont écrites en minuscules et en position supérieure .

c) *Abréviation des titres et grades universitaires*

Dans le corps des textes, les mots désignant les titres et grades universitaires s'écrivent en toutes lettres et en minuscules :

▶ Il est docteur ès lettres de l'Université de Montréal.
   Il a obtenu une maîtrise en sciences appliquées de l'Université de Sherbrooke.

---

1. COMMISSION DE TOPONYMIE, *Guide toponymique municipal,* Québec, Éditeur officiel du Québec, 1979, p. 79-84.

Néanmoins, l'abréviation des titres et grades universitaires est souvent une source de problèmes dans l'établissement de cartes de visites, d'annuaires, etc. Aussi proposons-nous à leur sujet quelques éléments de solution. Il existe d'ailleurs certaines normes établies par l'usage.

Les termes *certificat, baccalauréat, licence, maîtrise* et *doctorat* s'abrègent en prenant la première lettre du mot écrit en majuscules, suivie du point abréviatif : *C.* (certificat), *B.* (baccalauréat), *M.* (maîtrise), *L.* (licence), *D.* (doctorat). L'abréviation de *diplôme* est habituellement *Dipl.*

Quant au terme désignant la discipline ou la spécialité, l'abréviation se fait (tout comme pour l'abréviation conventionnelle) par la suppression des dernières lettres du mot, qui est coupé avant une voyelle et pourvu d'une majuscule initiale : *Adm.* (administration), *Ph.* (philosophie), *Sc.* (sciences), *Serv. soc.* (service social).

▶ B.Sc.Santé   (baccalauréat ès sciences de la santé)
  M.Arch.   (maîtrise en architecture)
  B.A.   (baccalauréat ès arts)
  B.Sc.Appl.   (baccalauréat en sciences appliquées)

B. Technique de l'abréviation

1. Suppression des lettres

a) L'abréviation se fait le plus souvent par la suppression des dernières lettres d'un mot, que l'on coupe avant une voyelle ; on procède ainsi dans tous les cas où il n'existe pas d'abréviations conventionnelles : *abrév.* (abréviation), *comp.* (composé), *compl.* (complément), *déc.* (décembre), *div.* (divers), *janv.* (janvier), *phys.* (physique), *prép.* (préposition).

Il faut éviter d'abréger un mot par la suppression d'une seule lettre ; la suppression de deux lettres est tolérée mais non à conseiller : au lieu de *pag.* (page) ou de *tom.* (tome), il faut écrire en abrégé *p.* ou *t.* Mais il n'est pas interdit d'écrire : *chim.* (chimie), *civ.* (civil), *part.* (partie).

b) Parfois l'abréviation se fait :

— par la suppression de certaines lettres intérieures ; dans ce cas, les lettres qui subsistent après l'initiale sont souvent écrites en lettres supérieures : *M*^{lle}, *M*^{me}, *D*^{r}, *S*^{t}, *S*^{te} ;

— en ne gardant que quelques consonnes ; il s'agit alors d'abréviations figées : *qqn* (quelqu'un), *qqch.* (quelque chose), *qqf.* (quelquefois), *cf.* (confer) ;

— par l'emploi de signes conventionnels : *1°* (primo), *1*^{er} (premier), *1*^{re} (première), *2*^{e} (deuxième), o/ (à l'ordre de . . .).

2. Point abréviatif

Le point abréviatif se met à la fin de toute abréviation où ne figure pas la dernière lettre du mot : *ex.* (exemple), *néol.* (néologisme), *irrég.* (irrégulier), mais *M*^{me} (sans point abréviatif). Si le mot abrégé termine la phrase, le point abréviatif se confond avec le point final ou avec les points de suspension, mais il n'annule aucun autre signe de ponctuation :

▶ Les H.L.M., presque autant que les allocations familiales, sont difficilement remplaçables.

3. Pluriel des abréviations

En règle générale, les abréviations et les symboles ne prennent pas la marque du pluriel. Dans les exceptions, le pluriel est indiqué tantôt par l'*s* habituel : *M*^{mes}, *M*^{lles}, *n*^{os}, tantôt par le redoublement de l'initiale : *MM.* (messieurs).

C. Sigles

Le sigle est une abréviation consistant en une lettre initiale ou groupe de lettres initiales et utilisé comme terme. Les sigles peuvent se prononcer de deux façons, soit alphabétiquement (H.L.M.), soit comme un mot (AFNOR). Ces derniers s'appellent acronymes.

Plus l'usage d'un sigle se répand, plus il donne lieu à des graphies diverses, surtout si l'alternance des consonnes et des voyelles en fait un mot qui peut se prononcer normalement. Il est d'abord formé des majuscules initiales suivies chacune des points abréviatifs, puis de ces majuscules sans points abréviatifs, enfin de la majuscule initiale et de minuscules :

▶ U.N.E.S.C.O.
UNESCO
Unesco

Néanmoins, la suppression du point abréviatif ne devrait pas être généralisée ; cette pratique devrait plutôt être réservée à des cas d'organismes et d'institutions très connus, et dont les sigles peuvent être lexicalisés, et aux acronymes. Quant à la suppression des majuscules, elle est à déconseiller.

À la limite, le sigle est traité comme un mot véritable et peut même donner lieu à la création de dérivés. Ainsi écrit-on en minuscules le mot *cégep* et son dérivé *cégépien.*

L'article qui précède le sigle prend le genre et le nombre du premier mot : la S.D.N., les C.L.S.C.. Devant une voyelle, l'article s'élide : l'O.N.U.

Pour plus de clarté et de précision, il est préférable de mettre entre parenthèses, au moins la première fois qu'on l'emploie, la signification du sigle, si l'on pense qu'il est peu connu. De même, si l'on emploie, au cours d'un texte, un certain nombre de sigles spécialisés, il vaut mieux en dresser la liste au début.

D. Symboles et unités de mesure

Le symbole est une représentation littérale, numérale ou pictographique d'une grandeur :

▶ kW (kilowatt)
H_2O (eau)

Les symboles des unités de mesure *ne sont jamais suivis du point abréviatif* : min, h, s, m, km, g, etc. Ils ne sont employés qu'après un nombre entier ou fractionnaire, écrit en chiffres, et *ne prennent jamais la marque du pluriel* : 6 m *et non* six m, 5,25 g *et non* cinq g ¼ *ni* cinq ¼ g. On doit toujours laisser un *espace* entre la valeur numérique et le symbole de l'unité :

▶ 5 kg *et non* 5kg

1. Système international d'unités (SI)

Le Système international d'unités, connu mondialement sous le sigle SI, est en réalité une version moderne du système métrique adopté en France en 1795. La Conférence générale des poids et mesures, autorité internationale en ce domaine, l'a adopté en 1960. Le Canada a suivi, le 16 janvier 1970, se joignant ainsi à la communauté des pays industrialisés qui l'utilisaient déjà. Le Système international d'unités, exploitant la simplicité du système décimal de numération, se compose d'unités qui sont toutes dans un rapport de 1 à 10 ou de multiples de 10.

Ce système permet des calculs beaucoup plus commodes : il suffit souvent de déplacer une virgule. On obtient les multiples et les sous-multiples des unités au moyen de préfixes comme milli, kilo, etc.

a) *Préfixes SI*

Les *principaux préfixes SI* sont :

méga	M	signifiant	million	1 000 000
kilo	k		mille	1 000
hecto	h		cent	100
déca	da		dix	10
déci	d		un dixième	0,1
centi	c		un centième	0,01
milli	m		un millième	0,001
micro	μ		un millionième	0,000 001

b) *Unités de mesure*

Les *unités de base* sont :

— le mètre, unité de longueur ;
— le kilogramme, unité de masse (couramment appelé poids) ;
— la seconde, unité de temps ;
— l'ampère, unité d'intensité de courant électrique ;
— le kelvin, unité de température ;
— la candela, unité d'intensité lumineuse ;
— la mole, unité de quantité de matière.

c) *Écriture des nombres*

Le *signe décimal* est une virgule sur la ligne. Si la valeur absolue est inférieure à un, le signe décimal doit être précédé d'un zéro :

▶ 13,7 km   0,6 km (quand on lit : zéro virgule six kilomètres)

Pour marquer la séparation des nombres en tranches de trois chiffres, on ne doit utiliser ni point, ni virgule. Cette séparation doit être marquée, en règle générale, par un espace de largeur inférieure ou égale à celle d'un chiffre courant. On sépare de cette manière les nombres en tranches de trois chiffres, tant pour la partie entière que pour la partie fractionnaire ; cependant, cette séparation en tranches ne paraît pas nécessaire si le nombre ne comprend pas plus de quatre chiffres à gauche ou à droite de la virgule :

▶ 22 653   872,87   4560

N. B. Lorsqu'on veut identifier une période s'étendant sur deux années consécutives, complètes ou partielles, on utilise le trait d'union et non la barre oblique :

▶ 1981-1982 *et non* 1981/1982 *ni* 1981-82

On n'abrège pas un millésime, à moins qu'il ne s'agisse de dates historiques :

▶ La guerre 14-18

d) *Formation des symboles des unités*

Les symboles normalisés des unités ainsi que ceux des préfixes associés doivent être écrits sans être modifiés. En particulier, la substitution d'une majuscule à une minuscule, ou l'inverse, celle d'une lettre latine à une lettre grecque, sont interdits. Les symboles doivent être inscrits en caractères *romains* (droits) :

▶ l   *et non*   lit, ℓ
   kg   Kg, KG, kilo
   km   Km, KM, kM
   s   sec

Contrairement à ce qui se fait pour les abréviations des mots, *les symboles des unités s'écrivent sans point abréviatif et ne doivent pas comporter la marque du pluriel* :

▶ 34,5 mm   *et non*   34,5 mm.
                          34,5 mms.

N. B. Lorsqu'un nom d'objet ou d'unité est précédé d'un nombre, ce nom prend la marque du pluriel dès que le nombre est égal ou supérieur à deux :

▶ 1,85 mètre
  2 mètres
  2,3 mètres

e) *Emploi des symboles d'unités*

Dans le corps d'un texte, on ne doit pas représenter les unités par leurs symboles, sauf si elles sont précédées de chiffres :

▶ quarante kilomètres par heure *ou* 40 km/h *ou* 40 kilomètres par heure
     mais non
  quarante km/h *ni* 40 kilomètres/heure

f) *Place des symboles d'unités*

Lorsqu'on utilise une unité à division décimale qui possède un symbole littéral, ce symbole doit, en règle générale, être placé à droite du nombre complet indiquant la valeur numérique, sur la même ligne et en caractères du même corps. Seul un espace simple doit séparer le nombre du symbole et un seul symbole doit être utilisé pour chaque unité :

▶ 35,5 cm   *et non*   35 cm, 5

N. B. Les divisions sont indiquées symboliquement par / et littéralement avec *par :*

▶ km/h   kilomètre par heure *et non* kilomètre à l'heure
  m/s   mètre par seconde *et non*   mètre à la seconde

g) *Expression des dimensions d'un volume*

Les *dimensions d'un volume* parallélépipédique apparaissent généralement dans l'ordre suivant : longueur, largeur, hauteur. Elles sont désignées en unités de longueur, en intercalant le mot *sur* entre les expressions des dimensions, et non *par* :

▶ dix centimètres sur quatre centimètres sur un centimètre

Elles peuvent également être exprimées en nombres ou en symboles : le mot *sur* est alors remplacé par le signe × :

▶ 10 cm × 4 cm × 1 cm

h) *Indication de la date et de l'heure*

La représentation numérique de la date et de l'heure doit être utilisée chaque fois qu'il est nécessaire de décrire, sous une forme entièrement numérique, un moment constitué des éléments suivants : année, mois, jour, heure, minute, seconde. La présentation entièrement numérique de la date doit être constituée de la façon suivante : quatre chiffres représentant l'année ; deux, le mois et deux, le quantième. Si l'on fait usage de séparateurs, ils doivent être un trait d'union ou un espace entre l'année, le mois et le quantième :

▶ 19820620 ou 1982 06 20 ou 1982-06-20
et non
1982/06/20

Il est admis, toutefois, lorsque aucune confusion n'en résulte, de n'utiliser que deux chiffres pour déterminer l'année :

▶ 820620 ou 82 06 20 ou 82-06-20

L'heure doit être indiquée selon la période de 24 heures :

▶ 16:30 *et non* 4 h 30 (de l'après-midi)

L'heure peut, au besoin, s'ajouter à la date en prolongeant la série de nombres, en se rappelant que seuls les deux points (:) sont admis, dans le cas de l'heure, comme séparateurs :

(en groupant les deux exemples précédents)
▶ 1982062016:30 ou 1982 06 20 16:30 ou 1982-06-20-16:30
qui signifie le 20 juin 1982 à 16 heures 30 minutes

Les abréviations **h, min** et **s** sont utilisées dans le Système international d'unités pour indiquer la *durée* :

▶ Le coureur est parti à 10:14:16 ; il a parcouru la distance en 12 h 16 min 14 s, ce qui est très rapide.

N. B. En ce qui concerne l'indication de la date, de l'heure et de la durée, on utilise, dans la correspondance, la présentation alphanumérique :

▶ **le 26 mars 1982**
  le combat a duré 6 h 8 min 26 s
  la réunion commencera à 9 h 30

Ces règles d'écriture s'appuient sur un avis de normalisation de l'Office de la langue française, fondé sur la norme 9990-911 du Bureau de normalisation du Québec.

2. Symboles d'unités monétaires

Pour noter une somme d'argent accompagnée d'un symbole d'unité monétaire, il est recommandé de placer le symbole littéral ($ pour le dollar, F pour le franc) à droite du nombre indiquant la valeur numérique, en laissant un espace simple sur la même ligne et en caractères du même corps :

▶ 1000 $
  250 F

Lorsqu'on emploie une unité monétaire à division décimale, le symbole littéral doit être placé à droite du nombre décimal :

▶ 25,50 $
  40,10 F

N. B. Ces règles d'écriture s'appuient sur un avis de normalisation de l'Office de la langue française, publié à la *Gazette officielle du Québec* du 14 mars 1981.

Abréviations usuelles et symboles

A

a	année
A	ampère
adr.	adresse
Alb.	Alberta
A/m	ampère par mètre
app.	appartement
art.	article
a/s de	aux (bons) soins de
av.	avenue

B

boul. ou bd	boulevard
B.P.	boîte postale

C

¢	cent (monnaie)
°C	degré Celsius
C	coulomb
©	tous droits réservés
c.-à-d.	c'est-à-dire
C.-B.	Colombie-Britannique
c.c.	copie conforme
C/c	compte courant
cf.	*confer*
	(reportez-vous à)
ch.	chemin
chap.	chapitre
cm (cm², cm³)	centimètre
	(carré, cube)
col.	colonne
coll.	collection
corresp.	correspondance
C.P.	case postale
C.R.	contre remboursement

c.r.	compte rendu
c^t	crédit
cté	comté

D

d (unité SI) ou j	jour
dép. ou dépt	département
2e, 2^{es}	deuxième, deuxièmes
dm (dm², dm³)	décimètre
	(carré, cube)
$	dollar
D^r	docteur

E

E.	est
éd.	édition
édit.	éditeur
enr.	enregistrée
	(entreprise)
	[dans une raison
	sociale]
et al.	*et alii*
	(et les autres)
etc.	et cetera ou et caetera
É-U. ou U.S.A.	États-Unis d'Amérique

F

F.A.B. ou FAB ou f. à b.	franco à bord
FB	franc belge
FF	franc français
FS	franc suisse

G

g	gramme
G.-B.	Grande-Bretagne

H

h	heure
hab.	habitant
Hz	hertz

I

ibid.	*ibidem* (là même, au même endroit)
id.	*idem* (le même, la même chose)
inc.	incorporée (compagnie) [dans une raison sociale]
Î.-P.-É.	Île-du-Prince-Édouard

J

J	joule

K

K	kelvin
kA	kiloampère
kg	kilogramme
kg/m³	kilogramme par mètre cube
kHz	kilohertz
km (km², km³)	kilomètre (carré, cube)
km/h	kilomètre par heure
kPa	kilopascal
kV	kilovolt
kW	kilowatt

L

l	litre
LC ou l/cr	lettre de crédit
loc. cit.	*loco citato* (passage cité)
ltée	limitée (compagnie) [dans une raison sociale]

M

M., MM.	monsieur, messieurs
m (m², m³)	mètre (carré, cube)
m.	mois
mA	milliampère
Man.	Manitoba
max.	maximum

Me, Mes	maître, maîtres (avocat, notaire)
mens.	mensuel, mensuellement
mg	milligramme
Mgr	monseigneur
MHz	mégahertz
min	minute
min.	minimum
MJ	mégajoule
Mlle, Mlles	mademoiselle, mesdemoiselles
mm (mm², mm³)	millimètre (carré, cube)
Mme, Mmes	madame, mesdames
m/s (m/s²)	mètre par seconde (par seconde carrée)
ms, mss	manuscrit, manuscrits
mtée	montée
MV	mégavolt
mV	millivolt
MW	mégawatt
mW	milliwatt

N

N	newton
N.	nord
N. B.	*nota bene* (notez bien)
N.-B.	Nouveau-Brunswick
N.-D.	Notre-Dame
N.-É.	Nouvelle-Écosse
N° ou n°	numéro
Nos ou nos	numéros

O

O.	ouest
o/	à l'ordre de
Ont.	Ontario
op. cit.	*opere citato* (dans l'ouvrage déjà mentionné)

P

p.	page, pages
paragr. ou §	paragraphe
part.	partie
p. cent, %	pour cent
P.-D.G.	président-directeur général

p. ex.	par exemple
p.i.	par intérim
p.j.	pièce jointe
P.M.E.	(Confédération générale des) petites et moyennes entreprises
p.p.	par procuration
1er, 1ers	premier, premiers
1°	primo (premièrement)
1re, 1res	première, premières
prov.	province
P.-S.	post-scriptum
P.-V.	procès-verbal

Q

QC	Québec
qq	quelque
qqn	quelqu'un
quest. ou Q	question

R

r	tour
R	recommandé
rad/s	radian par seconde
réf.	référence
r/min	tour par minute
r^o	recto
R.P.	révérend père
R.R.	route rurale
r/s	tour par seconde
R.S.V.P.	Répondez, s'il vous plaît
rte	route

S

S.	sud
s	seconde
Sask.	Saskatchewan
s.d.	sans date
S.E.	Son Excellence (ambassadeur ou évêque)
S. Ém.	Son Éminence (cardinal)
sq.	*sequiturque* (et suivant)
sqq.	*sequuunturque* (et suivants)
S^t, S^{ts}	saint, saints
S^{te}, S^{tes}	sainte, saintes
s^{té}	société
suppl.	supplément
S.V.P. ou s.v.p.	s'il vous plaît

T

t	tonne
t.	tome
tél.	téléphone
T.-N.	Terre-Neuve
T.-N.-O.	Territoires-du-Nord-Ouest
tr.	traité
trad.	traduction
T.S.V.P.	Tournez, s'il vous plaît

V

V	volt
V. ou v.	voir
v^o	verso
vol.	volume

W

W	watt

Signes de ponctuation

Ponctuer, c'est diviser les différentes parties d'un texte de façon claire et logique en vue de faire ressortir les articulations de la pensée. Les divisions logiques d'inégale valeur commandent des pauses de durée variable. Nous ne retiendrons ici que quelques aspects pratiques de ce vaste sujet.

A. Les points

Le *point* indique la fin d'une phrase. On ne met jamais de point après un titre ou un sous-titre centré.

Le *point-virgule* s'emploie, en général, à peu près comme le point. On y recourt notamment lorsque, à l'intérieur d'une phrase, le sujet des verbes change :

▶ Cette lettre doit partir immédiatement ; tout retard serait fâcheux.

On l'emploie également à la fin des divers membres d'une énumération, que ceux-ci s'enchaînent dans un même alinéa ou qu'ils forment des alinéas séparés :

▶ Lors de la réunion, qui aura lieu les 12 et 13 juillet, on discutera des thèmes suivants :

1° L'enseignement du français langue maternelle ;
2° L'enseignement du français langue seconde ;
3° L'enseignement de l'anglais langue seconde.

Les *deux points* (ou le *deux-points*) introduisent un exemple, une citation, une énumération, une maxime, un discours direct (rarement indirect) ou encore une explication, une définition :

▶ J'ai trois lettres à écrire : l'une de félicitations, l'autre d'information et la troisième de réclamation.

Cette réunion confirme notre décision : il nous faut mettre l'accent sur un nouvel aspect du développement régional.

Les *points de suspension* indiquent le plus souvent que l'idée exprimée demeure incomplète :

▶ J'ai tant de choses à faire aujourd'hui . . . J'en perds la tête . . .

Placés entre crochets [. . .], ils remplacent un fragment de texte que l'on a omis de citer.

On ne met pas de points de suspension après *etc.,* qui signifie lui-même que l'idée n'est pas complètement exprimée.

Le *point d'interrogation* s'emploie après toute interrogation directe, mais non après une interrogation indirecte :

▶ Quand ce rapport doit-il être envoyé ?
Nous nous demandons de qui nous est venu cet ordre.

Le *point d'exclamation* se place après un mot, une locution, une phrase exprimant un sentiment intense (joie, surprise, indignation), ou après une interpellation, un ordre :

▶ L'impardonnable anglicisme !

B. La virgule

La *virgule* indique une pause de courte durée, soit à l'intérieur d'une phrase pour isoler des propositions, soit à l'intérieur des propositions pour isoler certains de leurs éléments.

On ne peut ici que rappeler quelques principes relatifs à son usage.

1. Cas généraux

La virgule s'emploie :

   a) Entre les termes ou les propositions juxtaposés, puisque par définition il n'y a pas, en ce cas, d'autres éléments qui séparent ces termes ou ces propositions. Le seul moyen d'éviter la confusion est donc le recours à la virgule :

▶ Cette brochure traite de la présentation de la lettre et de l'enveloppe, de l'utilisation de la majuscule et des signes de ponctuation.

b) Devant les propositions coordonnées introduites par une conjonction de coordination telle que *ou, ni, mais, car,* à moins que les propositions ne soient très brèves :

▶ Je ne pourrai finir de dactylographier ce rapport aujourd'hui, mais je vous promets que tout sera prêt demain.

On emploie rarement la virgule entre deux propositions coordonnées par *et,* sauf si les sujets sont différents :

▶ Il pleure et il crie.
Il pleure, et moi je ris.

c) Devant les propositions subordonnées circonstancielles introduites par *afin que, parce que, quoique, alors que, en sorte que,* etc. (à moins qu'il ne s'agisse de propositions très brèves, absolument nécessaires au sens) :

▶ Je vous suggère de parcourir ce document attentivement, parce que vous y trouverez des éléments essentiels à votre travail.

On ne met pas de virgule devant une subordonnée complétive :

▶ Philippe a déclaré qu'il m'écrirait.

d) Devant les propositions relatives explicatives, c'est-à-dire celles qui ne sont pas indispensables au sens (mais non devant les relatives déterminatives) :

▶ Ce livre, que j'ai reçu hier, m'a beaucoup intéressé.
Le livre que vous m'avez envoyé hier m'a beaucoup intéressé.

2. Cas particuliers

La virgule s'emploie :

a) Après les compléments circonstanciels de temps, de but, de manière, de lieu, etc., qui se trouvent en tête d'une phrase, sauf lorsqu'ils sont très courts :

▶ Dans la signalisation routière québécoise, le mot *boulevard* s'abrège en *boul.*

Mais on ne doit pas mettre de virgule après le complément indirect ou déterminatif en inversion :

▶ À mon patron je dois rendre compte de tous les appels téléphoniques.

b) Fréquemment avec les locutions *d'une part, d'autre part, par exemple, en effet, sans doute, en l'occurrence,* etc. :

▶ Il s'agit là, sans doute, d'une excellente initiative.

c) Avec les propositions incises :

▶ Pourquoi, dit-il, n'êtes-vous pas venus ?

d) Avec les termes mis en apostrophe :

▶ Veuillez agréer, Monsieur, l'expression de mes sentiments distingués.

Malgré ces règles précises, il subsiste une certaine liberté dans ces emplois : des auteurs ponctuent leurs textes plus que d'autres. Il faut éviter autant la profusion des virgules, qui morcelle trop une phrase, que leur rareté, qui nuit à la clarté.

C. Les parenthèses, les guillemets et les tirets

Quelques mots seulement au sujet des signes de ponctuation qui sont le plus souvent jumelés, parce qu'ils sont, par excellence, des signes de rupture dans la trame d'un texte.

Les *parenthèses* permettent d'intercaler dans la phrase une réflexion ou une indication quelconque que l'on ne juge pas indispensable au sens et dont on ne veut pas faire une phrase distincte. Si la phrase exige alors un signe de ponctuation, il se place après que l'on a fermé la parenthèse. L'abus des parenthèses dénote qu'un texte est mal composé.

Les *guillemets* sont employés pour encadrer une citation, ou encore pour mettre en valeur un mot, un groupe de mots ou une locution étrangère.

Généralement, la ponctuation se place après les derniers guillemets. Cependant, si un signe de ponctuation termine le passage guillemeté, il précède le guillemet final :

▶ « Tout ce que vous avez révélé, dit-il, est exact. »
Ils appellent cela une « clause de sauvegarde ».

Les *tirets* indiquent, dans les dialogues, le changement d'interlocuteur.

On les emploie dans une phrase pour isoler ou mettre en valeur un mot, un groupe de mots, une expression.

Dans les tableaux, factures, catalogues, etc., selon l'usage canadien, le tiret indique la nullité, alors que le guillemet est un signe de répétition.

N. B. C'est le contraire dans l'usage français.

Protocole téléphonique

Protocole téléphonique

Il n'y a pas de règles strictes en ce qui a trait au protocole téléphonique. Chaque entreprise ou organisme doit se donner des directives adaptées à ses particularités, à son style, à sa vocation. Le téléphone, ce compagnon « tyrannique » mais si utile, ne doit pas devenir un instrument trop familier, mais plutôt un moyen de communication efficace et un outil de travail favorisant les relations publiques.

A. Étiquette

En général, ce sont les standardistes, téléphonistes, secrétaires, etc., qui établissent le premier contact avec le correspondant, et le mettent en communication directe avec une personne de l'établissement. L'ensemble de ces relations téléphoniques donne à l'usager une certaine image de l'identité et de la qualité des services offerts par l'entreprise ou par l'organisme consulté. Par conséquent, quelques précautions s'imposent.

La personne qui prend l'appel doit :

— répondre le plus rapidement possible et éviter de faire attendre inutilement le correspondant au bout du fil ;

— s'exprimer clairement, sur un ton modéré, en demeurant toujours très polie et courtoise ;

— éviter les expressions comme *Quoi ?, De quoi ?, Qu'est-ce que vous dites ?, Qui parle ?,* etc. ;

— savoir écouter soigneusement l'interlocuteur lorsqu'il expose sa demande, afin d'éviter de le faire répéter par manque d'attention ;

— pouvoir déterminer rapidement le but de l'appel du demandeur et l'adresser immédiatement à la personne compétente ;

— s'excuser et donner une explication au correspondant, si l'on doit faire attendre celui-ci. De plus, si cette attente dure plus longtemps que prévu, on doit dire de temps en temps à l'usager qu'on ne l'a pas oublié ;

— avertir l'usager si l'on doit diriger son appel vers une autre personne ou un autre service, en lui en fournissant la raison ;

— noter clairement tous les éléments lorsqu'il y a lieu de prendre un message, et, le cas échéant, le relire à son correspondant, afin de s'assurer que tous les points notés sont exacts, surtout lorsqu'il s'agit d'une adresse, d'un numéro de téléphone, d'un appel à une date ou à une heure fixées ;

— noter les absences du personnel de l'établissement, ainsi que leur durée probable ;

— éviter de couper la communication avant que le correspondant n'ait lui-même raccroché.

Quant au demandeur (l'appelant), il doit éviter d'abuser du téléphone et de déranger son correspondant inutilement. Avant de faire un appel téléphonique, il doit s'assurer que cet appel est véritablement utile et urgent et qu'un autre moyen de transmission, la note par exemple, ne serait pas plus efficace. De plus, pour éviter les oublis et réduire au minimum les pertes de temps, il est bon de noter par écrit les différents points que l'on veut traiter avec son correspondant. Enfin, lorsque le demandeur est en communication avec son correspondant, il doit se nommer dès le début de la conversation.

B. Conseils d'ordre pratique et formules utiles

Lors d'une conversation téléphonique, c'est *le demandé (ou l'appelé) qui parle le premier.* Il dit simplement :

▶ Allô !
Oui, allô !
Allô ! j'écoute.

N. B. *Allô* est plutôt réservé aux communications privées.

Dans le cas d'un **établissement,** les préposés au téléphone doivent parfois donner le nom de l'établissement, de la direction, du service, etc. :

▶ Bureau de traduction du Nord.
Ici le Laboratoire J.B.
Ministère de l'Éducation, Direction de l'information.
La Société Bambou, à votre service.

La personne qui prend l'appel peut également se nommer, après avoir précisé son service, bureau, etc. :

▶ Ici le bureau du Président-Directeur général,
Lise Lemay à l'appareil.

Service de l'ingénierie, ici Pierre Pouliot.

Luc Fournier, Service des achats.

N. B. Il est inutile et incorrect d'ajouter *bonjour* à ces mentions ; de même on ne s'annonce pas par *Monsieur* . . ., *Madame* . . ., *Mademoiselle* . . . ni par *Mon nom est* . . . On dit *Ici Paul (ou Marie) Durand.*

Le demandeur (ou l'appelant) demande la personne à qui il veut parler :

▶ M. Pierre Boulay, s'il vous plaît.

ou expose le but de son appel.

Compte tenu du type de demande, le préposé au téléphone passe rapidement l'appel au service ou à la personne compétente :

▶ Un moment, s'il vous plaît. *et non*   Gardez la ligne.
   Ne quittez pas.   *et non*   Restez sur la ligne.

Dans le cas où on lui a demandé de *filtrer les appels,* il demande :

▶ C'est de la part de qui ?
   Qui est à l'appareil ?
   et non
   Qui parle ?

Lorsqu'une personne appelle pour une autre personne, elle doit préciser le nom du demandeur :

▶ Ici la secrétaire de Mme Pierrette Lessard. Mme Lessard désire parler à M. Leblanc.

Si la personne appelée est absente ou occupée, le préposé au téléphone s'excuse de ne pouvoir passer l'appel et propose à l'usager de prendre un message, de rappeler ou de le mettre en communication, selon le cas, avec la secrétaire de l'appelé ou avec une autre personne compétente :

▶ M. Pratte sera de retour vers telle heure ou reviendra tel jour. Puis-je prendre un message ?

   Puis-je lui demander de vous rappeler ? Puis-je lui demander qu'il vous rappelle ?... Quel est votre numéro de téléphone ?

   Qui doit-il demander ? À quel sujet ? Il lui sera plus facile de vous répondre s'il sait de quoi il s'agit.

Si la personne appelée est déjà en conversation sur une autre ligne, est en réunion ou en conférence, est occupée à une tâche urgente et ne veut pas être dérangée pour l'instant, s'est absentée de son bureau pour quelques minutes, etc., le préposé au téléphone répond :

▶ Je regrette, mais M. Leblanc est déjà au téléphone. Puis-je prendre un message ?

M. Leblanc est en ce moment au téléphone. Désirez-vous attendre ou préférez-vous rappeler ?

M. Leblanc est en réunion ce matin, il vous rappellera dès que possible.

M. Leblanc s'est absenté de son bureau pour quelques minutes. Puis-je prendre un message ?

Il faut éviter les formules du type :

▶ M. Leblanc est très occupé pour le moment.

M. Leblanc n'est pas encore arrivé . . ., est à sa pause-café . . ., a déjà quitté le bureau . . ., je ne sais où il est . . ., etc.

Si la personne appelée est en congrès, en voyage d'affaires, en congé de maladie, en vacances, etc., le préposé au téléphone répond, selon le cas :

▶ M. Leblanc est à l'extérieur du bureau aujourd'hui. Il sera de retour demain matin. Puis-je lui demander qu'il vous rappelle ?

M. Leblanc est présentement en vacances. Il sera de retour tel jour. Puis-je vous être utile ?

N. B. Lorsque l'on sait que la personne appelée est absente, il faut en faire part à la personne qui appelle avant de lui demander son nom :

▶ M. Blanchette est absent de son bureau aujourd'hui. En quoi puis-je vous être utile ?

Si la personne consultée doit effectuer une certaine recherche et de ce fait s'éloigner de l'appareil, elle doit s'excuser auprès du demandeur et le prier de ne pas couper :

▶ Voulez-vous m'excuser quelques instants . . . Ne quittez pas.
et non
Gardez la ligne.

Si la recherche s'avère trop longue, on doit informer l'usager qu'on le rappellera dès que les renseignements auront été trouvés.

Si la personne consultée ne peut répondre de façon appropriée à l'usager, elle doit s'excuser auprès de ce dernier, l'informer qu'elle va le mettre en contact avec un autre service ou avec une autre personne qui lui donnera de meilleures informations, et lui demander de patienter quelques secondes. Il est alors préférable que l'appelé communique lui-même avec l'autre consultant pour s'assurer que celui-ci est effectivement compétent dans ce domaine. Si tel est le cas, il lui fait un bref résumé de la demande de l'usager, afin que ce dernier n'ait pas à réexposer les raisons de son appel.

À la fin d'une conversation téléphonique, le demandeur remercie, s'il y a lieu, de l'aide reçue. La personne consultée lui fait alors part du plaisir qu'elle a eu de lui être utile et assure le correspondant qu'elle reste à sa disposition :

▶ Je vous en prie.
   Il n'y a pas de quoi.
   De rien, monsieur.
   N'hésitez pas à nous rappeler si nous pouvons vous être utile.

La conversation peut également se terminer par un simple *au revoir.*

C. Documents pertinents que le répondeur doit avoir à portée de la main :

— la liste des numéros de téléphone intérieurs de l'organisme ou de l'entreprise ;

— l'organigramme de l'organisme ou de l'entreprise ;

— un tableau-synthèse des déplacements du personnel ;

— les annuaires de téléphone ;

— certains annuaires particuliers, le cas échéant ;

— un répertoire des numéros usuels ;

— un bloc-messages téléphoniques ;

— un code d'épellation des noms propres, au besoin, etc.

D. Quelques conseils linguistiques

Termes et locutions à corriger, classés selon l'ordre alphabétique des termes fautifs

Forme fautive	Forme correcte
A	
Assistance annuaire	**Service de l'annuaire, renseignements**
B	
Boîte téléphonique	**Cabine** téléphonique
Bottin (du téléphone)	**Annuaire** (du téléphone)
C	
Canceller un appel	**Annuler** un appel
Acceptez-vous les **charges ?**	Acceptez-vous les **frais ?**
Appel à **charges renversées**	Appel à **frais virés** (En France, ces appels sont désignés par le sigle P.C.V. : payable contre vérification)
Client (du téléphone)	**Abonné** (du téléphone)
Code régional	**Indicatif** régional (ou de région)
Composition interurbaine directe (CID)	**Automatique interurbain**
Connecter le téléphone	**Brancher** le téléphone
Corde du téléphone	**Cordon** du téléphone
D	
Directory (du téléphone)	**Annuaire** (du téléphone)
Disconnecter le téléphone	**Débrancher** le téléphone
Ligne *double*	Ligne **à deux abonnés,** ligne **commune**
E	
La ligne est **engagée**	La ligne est **occupée**
Extension 111	**Poste** 111
F	
Fermer la ligne	**Raccrocher** (le combiné)
I	
Information	**Service de l'annuaire, renseignements**

Forme fautive	Forme correcte
L	
Lâcher la ligne	**Céder** la ligne
Couper la **ligne**	Couper, intercepter la **communication**
Local 111	**Poste** 111
Loger un appel	**Faire** un appel, **téléphoner, donner un coup de fil**
Appeler **longue distance**	Faire un appel **interurbain**
M	
Méchant numéro	**Mauvais** numéro, **vous vous trompez de** numéro
O	
Opératrice	**Standardiste, téléphoniste**
Ouvrir la ligne	**Décrocher** (le combiné)
P	
Téléphone **payant**	Téléphone **public, taxiphone** (France)
Placer un appel	**Faire** un appel, **téléphoner, donner un coup de fil**
S	
Signaler 9	**Faire le** 9
Signaler un numéro	**Composer** un numéro
Ligne **simple**	Ligne **individuelle**
Il n'y a plus de **statique** sur la ligne	Il n'y a plus de **friture** sur la ligne
Téléphoner **sur** semaine	Téléphoner **en** semaine
Switchboard	**Standard**
T	
Recevoir un **téléphone**	Recevoir un **appel téléphonique, un coup de fil**
Ton du cadran	**Signal (de manœuvre), tonalité**

Bibliographie

Bibliographie

A. Dictionnaires de langue

BÉNAC, Henri. *Dictionnaire des synonymes*, Paris, Hachette, 1975, 1026 p.

GILBERT, Pierre. *Dictionnaire des mots nouveaux*, Paris, Hachette-Tchou, 1971, 572 p.

GIRODET, Jean. *Logos : grand dictionnaire de la langue française*, Paris, Bordas, 1976, 3 vol.

Grand Larousse de la langue française, sous la dir. de Louis Guilbert, *et al.*, Paris, Larousse, 1971-1978, 7 vol.

Grand Larousse encyclopédique, Paris, Larousse, 1960-1964, 10 vol., 2 suppl.

MANSION, J.E. *Harrap's New Standard French and English Dictionary*, London, Harrap, 1972-1980, 4 vol.

MAQUET, Charles. *Dictionnaire analogique : répertoire moderne des mots par les idées, des idées par les mots, d'après les principes de P. Boissière*, Paris, Larousse, 1975, 591 p.

Petit Larousse illustré, éd. rev. et corr., Paris, Larousse, 1981, 1799 p.

ROBERT, Paul. *Dictionnaire alphabétique et analogique de la langue française*, nouv. éd. rev., corr. et mise à jour, Paris, Société du Nouveau Littré, 1980, 2171 p.

ROBERT, Paul. *Dictionnaire alphabétique et analogique de la langue française : les mots et les associations d'idées*, Paris, Société du Nouveau Littré, 1978, 6 vol., 1 suppl.

ROBERT, Paul. *Dictionnaire universel des noms propres, alphabétique et analogique : le Petit Robert 2*, 4ᵉ éd. rev., corr. et mise à jour, Paris, Société du Nouveau Littré-le Robert, 1979, 1994 p.

ROBERT-COLLINS. *Dictionnaire français-anglais, anglais-français / Collins-Robert French-English, English-French Dictionary*, Paris, Société du Nouveau Littré, London, Collins, 1978, 781 p.

B. Dictionnaires des difficultés de la langue

1. Anglicismes

COLPRON, Gilles. *Les anglicismes au Québec : répertoire classifié*, Montréal, Beauchemin, 1970, 247 p.

DAGENAIS, Gérard. *Dictionnaire des difficultés de la langue française au Canada*, Québec, Pedagogia, 1967, 679 p.

DUBUC, Robert. *Objectif 200 : deux cents fautes à corriger*, Montréal, Éditions Ici Radio-Canada et Leméac, 1971, 133 p.

C'est-à-dire. Montréal, Société Radio-Canada, vol. 1..., 1960... Parution irrégulière (bulletin et fiches).

2. Grammaire

BESCHERELLE 1 : L'art de conjuger ; dictionnaire de douze mille verbes, nouv. éd. ent. remise à jour, Montréal, Hurtubise, HMH, 1980, 157 p.

CAPUT, J.-P. et J. Dictionnaire des verbes français, Paris, Larousse, 1969, 589 p.

CHEVALIER, Jean-Claude, et al. Grammaire Larousse du français contemporain, Paris, Larousse, 1978, 495 p.

COLIN, Jean-Paul. Nouveau dictionnaire des difficultés du français, Paris, Hachette-Tchou, 1970, 857 p.

DOPPAGNE, Albert. La bonne ponctuation, Paris-Gembloux, Duculot, 1978, 112 p.

DOURNON, Jean-Yves. Dictionnaire pratique d'orthographe et des difficultés du français, Paris, Hachette, 1975, 650 p.

DUPRÉ, P. Encyclopédie du bon français dans l'usage contemporain, Paris, Éditions de Trévise, 1972, 3 vol.

FOUCHÉ, Pierre. Traité de prononciation française, 2e éd., Paris, Klincksieck, 1959, 604 p.

GREVISSE, Maurice. Le bon usage : grammaire française avec des remarques sur la langue française d'aujourd'hui, 11e éd., Paris-Gembloux, Duculot, Montréal, Éditions du renouveau pédagogique, 1980, 1519 p.

GREVISSE, Maurice. Le français correct : guide pratique, Gembloux, Duculot, 1973, 408 p.

GREVISSE, Maurice. Précis de grammaire française, 28e éd., Gembloux, Duculot, 1969, 314 p.

HANSE, Joseph. Dictionnaire des difficultés grammaticales et lexicologiques, Paris, Éditions scientifiques et littéraires, 1971, 758 p.

LAURENCE, Jean-Marie. Grammaire française fondamentale, Montréal, Guérin, 1977, 332 p.

MARTINET, André, et Henriette WALTER. Dictionnaire de la prononciation française dans son usage réel, Paris, France-Expansion, 1973, 932 p.

THOMAS, Adolphe V. Dictionnaire des difficultés de la langue française, nouv. éd. rev. et corr., Paris, Larousse, 1976, 435 p.

C. Ouvrages spécialisés

1. Rédaction administrative

BEAUCHAMP. Cahier de travaux pratiques, complément de Léon LORRAIN, Le langage des affaires, 2e éd., Québec, Éditions Pedagogia, 1962, 128 p.

BERNATÉNÉ, Henri. Le secrétariat de direction : ses fonctions, son organisation, sa place dans l'entreprise, 2e éd. rev. et augm., Paris, Éditions d'organisation, 1963, 150 p.

BOUSQUIÉ, G. Comment rédiger vos rapports, 9e éd., Paris, Entreprise moderne d'édition, 1973, 150 p.

CAJOLET-LAGANIÈRE, Hélène. Le français au bureau, Office de la langue française, Québec, Éditeur officiel du Québec, 1979, 112 p.

CATHERINE, Robert. Le style administratif, 9e éd., Paris, Albin Michel, 1979, 171 p.

CHAFFURIN, Louis. Le parfait secrétaire, 17e éd., Paris, Larousse, 1971, 475 p.

CLAS, André, et Paul A. HORGUELIN. Le français, langue des affaires, 2e éd., Montréal, McGraw-Hill, 1979, 391 p.

CLAUDE, James, et Paul DUCOMMUN. Correspondance commerciale française : commerce, banque, assurance, 8e éd., Lausanne, Payot, 1970, 272 p.

Conference Terminology : a Manual for Conference-Members and Interpreters in English, Russian, French, Italian, Spanish, German, 2nd ed. rev. and augm., New York, Elsevier, 1962, 162 p.

COURCELLE, Louis-Henri. *La pratique administrative dans la fonction publique*, Paris, Librairies techniques, 1966, 146 p.

• COVENEY, James, et Sheila J. MOORE. *Lexique de termes anglais-français de gestion*, Paris, Armand Collin, 1972, 160 p.

DATAIN, Jean. *L'art d'écrire et le style des administrations : manuel à l'usage des candidats aux concours de la fonction publique et des administrations privées*, Paris, Charles-Lavauzelle, 1960, 162 p.

De l'emploi des majuscules, Berne, Fichier français de Berne, 1965, 39 p.

DELAGNEAU, Yvonne. *Le livre de la secrétaire : la pratique du secrétariat*, Paris, Foucher, 1977, 200 p.

DESONAY, Fernand. *Le rapport : comment l'élaborer, comment le rédiger*, Amiens, Éditions scientifiques et littéraires [s.d.], 300 p.

DION, Gérard. *Dictionnaire canadien des relations du travail ; français-anglais*, Québec, Presses de l'Université Laval, 1976, 662 p.

DION, Gérard. *Vocabulaire français-anglais des relations professionnelles — Glossary of Terms Used in Industrial Relations, Englis-French*, 2e éd., Québec, Presses de l'Université Laval, 1975, 350 p.

✳ • DUTTWEILER, Georges. *Les 20 000 phrases et expressions de la correspondance commerciale privée suggérées par les mots-clés classés alphabétiquement et traduits en anglais et en allemand*, Genève, Éditions générales, S.A., 1960, 432 p.

GANDOUIN, Jacques. *Correspondance et rédaction administratives*, 7e éd., Paris, Armand Colin, 1980, 359 p.

GANDOUIN, Jacques. *Guide du protocole et des usages*, Paris, Stock, 1972, 491 p.

GEORGIN, René. *Le code du bon langage : le langage de l'administration et des affaires*, nouv. éd., Paris, Éditions sociales françaises, 1977, 353 p.

GODAERT, Paul. *Dictionnaire de rédaction : bon sens, correction, efficacité dans les affaires*, Louvain, Librairie universitaire, 1965, 323 p.

GOOSSENS, F. *Comment rédiger vos rapports*, Paris, Éditions de l'entreprise moderne, 1962, 120 p.

GRÉGOIRE de BLOIS, Claudette. *Dictionnaire de correspondance*, Longueuil, Le Graphe, 1975, 177 p.

LEMIRE, Gilles. *Le secrétariat : contexte syntaxique, contexte situationnel, exercices d'assimilation, vocabulaire de base*, Cap-Rouge, Éduco-Média 1971, 180 p.

LORRAIN, Léon. *Le langage des affaires*, 2e éd., Québec, Pedagogia, 1962, 152 p.

MANDOUNE, Pierre. *Pour rédiger correctement le courrier*, 3e éd., Paris, Dunod, 1972, 144 p.

MAUGER, Gaston, et Jacqueline CHARRON. *Le français commercial*, 6e éd., Paris, Larousse, 1971, 312 p.

MORIN, Victor. *Procédure des assemblées délibérantes (avec tableau synoptique) à l'usage des corporations, compagnies, sociétés, associations, réunions, clubs, etc.*, 4e éd. française, Montréal, Beauchemin, 1969, 189 p.

PELTZER, Karl. *La lettre modèle ; précis international de correspondance commerciale et privée*, Paris, Dunod, 1970, 184 p.

PILLOUD, Marcel, et Édouard LEURY. *Rédaction administrative*, Ottawa, Commission de la fonction publique du Canada, Bureau des langues, 1971, 2 vol.

PRATTE, A. *Secrétaire aujourd'hui, collaboratrice demain*, 2e éd. rev. et augm., Paris, Éditions d'organisation, 1971, 199 p.

Protocole épistolaire et téléphonique, 2ᵉ éd., Québec, Régie de l'assurance-maladie du Québec, 1976, 33 p.

✴ RIDEAU, M. *Correspondance commerciale (courrier, classement, fiches) : notes, comptes rendus, procès-verbaux,* 8ᵉ éd., Paris, Dunod, 1971, 209 p.

ROMAN, E. *L'art de dicter,* Paris, Entreprise moderne d'édition, 1973, 104 p.

ROUMAGNAC, J., et Marguerite AUDRY. *Précis de rédaction de rapports, comptes rendus, procès-verbaux, notes et instructions,* Paris, Foucher, 1979, 168 p.

SAENGER, Edmond-Bernard de. *Le français des affaires, économique et commercial,* Paris, Dunod, 1971, 217 p.

SAUVÉ, Madeleine. *Observations grammaticales et terminologiques,* Montréal, Université de Montréal (fiches).

⸕ SERVICE CENTRAL D'ORGANISATION ET MÉTHODES. *Le service courrier,* 2ᵉ éd., Paris, ministère de l'Industrie et des Finances, Direction du budget, 1969, 121 p.

⸕ SPREUTELS, Marcel. *Dictionnaire du style et des usages administratifs, officiels et privés,* Paris, Société générale d'éditions, 1967, 454 p.

✴ SYLVAIN, Fernand. *Dictionnaire de la comptabilité,* Toronto, Institut canadien des comptables agréés, 1977, 258 p.

THIERRIN, Paul. *Toute la correspondance,* 8ᵉ éd., Bienne, Éditions du Panorama [s.d.], 380 p.

⸕ VAN COILLIE-TREMBLAY, Brigitte. *Guide pratique de correspondance et de rédaction,* Québec, Éditeur officiel du Québec, 1976, 201 p.

VERDEYEN, Paula. *Code de la secrétaire sténodactylographe et du correspondant,* Bruxelles, Baude, 1951, 2 vol.

VILLERS, Marie-Éva de. *Vocabulaire des imprimés administratifs,* Office de la langue française, Québec, Éditeur officiel du Québec, 1979, 141 p.

WACKERMAN, G., et A. WILHEM. *Initiation à la technique du rapport,* 2ᵉ éd. rev. et augm., Paris, Dunod, 1974, 144 p.

2. Typographie

✴ *Code typographique : choix de règles à l'usage des auteurs et des professionnels du livre,* 12ᵉ éd., Paris, Syndicat national des cadres et maîtrises du livre, de la presse et des industries graphiques, 1978, 121 p.

⸱ GOURIOU, Ch. *Mémento typographique,* Paris, Hachette, 1973, 122 p.

⸱ *Guide du typographe romand : règles typographiques à l'usage des auteurs et éditeurs, compositeurs et correcteurs de langue française,* 3ᵉ éd., Lausanne, Groupe de Lausanne de l'Association suisse des compositeurs à la machine, 1963, 173 p.

⸱ *Lexique des règles typographiques en usage à l'Imprimerie nationale,* 2ᵉ éd., Paris, Imprimerie nationale, 1975, 164 p.

3. Droit

⸱ GUILLEN, Raymond, et Jean VINCENT. *Lexique de termes juridiques,* 4ᵉ éd., Paris, Dalloz, 1968, 354 p.

⸱ JÉRAUTE, Jules. *Vocabulaire français-anglais et anglais-français de termes et locutions juridiques, administratifs, commerciaux, financiers et sujets connexes/A French-English and English-French Vocabulary of Legal Terms and Phrases Comprising Administration, Business, Finance and Allied Subjects,* Paris, Librairie générale de droit et de jurisprudence, 1953, 414 p.

MAYRAND, Albert. *Dictionnaire de maximes et de locutions latines utilisées en droit québécois,* Montréal, Guérin, 1972, 235 p.

NICHOLS, Peter, et Pierre VIBES. *Vocabulaire anglais-français et français-anglais de terminologie économique et juridique,* Paris, Librairie de droit et de jurisprudence, 1971, 104 p.

QUEMNER, Thomas A. *Dictionnaire juridique français-anglais, anglais-français (droit, finances, commerce, douanes, assurances, administration),* Paris, Éditions de Navarre, 1976, 267 + 323 p.

4. Économie

ANDERLA, Georges, et Georgette SCHMIDT-ANDERLA. *Dictionnaire des affaires anglais-français, français-anglais Delmas/Delmas Business Dictionary English-French, French-English,* 2ᵉ éd., Paris, J. Delmas, 1979, 524 p.

BERNARD, Yves, et Jean-Claude COLLI. *Vocabulaire économique et financier,* 2ᵉ éd., Paris, Seuil, 1976, 384 p.

COTTA, Alain. *Dictionnaire de science économique,* 4ᵉ éd., Paris, Éditions Jean-Pierre Delarge, 1975, 448 p.

DUBUC, Robert. *Vocabulaire de gestion,* Montréal, Leméac, 1974, 135 p.

LAFOND, Eugène. *Dictionnaire économique et financier ; de l'anglais au français,* Montréal, Éditions de l'homme, 1972, 248 p.

LEBEL, Wilfrid. *Le dictionnaire des affaires (français-anglais),* Montréal, Éditions de l'homme, 1967, 80 + 78 p.

PÉRON, Michel, et William WITHNELL. *Dictionnaire des affaires français-anglais, anglais-français,* Paris, Larousse, 1969, 512 p.

SUAVET, Thomas. *Dictionnaire économique et social, classe de première à terminale,* Paris, Éditions ouvrières, 1973, 526 p.

5. Sciences et techniques

BELLE-ISLE, J.-Gérald. *Dictionnaire technique général anglais-français,* Montréal, Beauchemin, 1977, 552 p.

CAMILLE, Claude, et Michel DEHAINE. *Harrap's French and English Dictionary of Data Processing,* London, Harrap, 1980, 127 p.

CLÉMENT, Jean-Michel. *Dictionnaire des industries alimentaires,* Paris, Masson, 1978, 348 p.

DESRUISSEAUX, Pierre. *Dictionnaire de la météorologie populaire au Québec,* Montréal, Éditions de l'Aurore, 1976, 215 p.

DUBUC, Robert, *et al. Dictionnaire anglais-français, français-anglais de l'informatique,* Paris, Dunod, 1971, 214 p.

GUINGUAY, Michel. *Dictionnaire d'informatique anglais-français,* 5ᵉ éd., ent. ref. et aug., Paris, Masson, 1979, 208 p.

GUINGUAY, Michel. *Dictionnaire d'informatique français-anglais,* Paris, Masson 1976, 152 p.

GUIRAUD, Pierre. *Les mots savants,* Paris, Presses universitaires de France, 1968, 115 p.

LE GARFF, André. *Dictionnaire de l'informatique,* Paris, Presses universitaires de France, 1975, 570 p.

MASSELIN, Jacques, *et al. Le français scientifique et technique,* Paris, Hatier, 1971, 2 vol.

PESSIS-PASTERNAK, Guitta. *Dictionnaire de l'audio-visuel français-anglais, anglais-français : cinéma, photographie, presse, radio, télévision, télédistribution, vidéo,* Paris, Flammarion, 1976, 372 p.

VILLENEUVE, G.-Oscar. *Glossaire de météorologie et de climatologie,* Québec, Presses de l'Université Laval, 1974, 560 p.

WARUSFEL, André. *Dictionnaire raisonné de mathématiques,* Paris, Éditions du Seuil, 1966, 514 p.

ZLATOVSKI, Georges. *Dictionnaire technique de l'automobile : français, anglais, allemand,* Paris, Dunod, 1973, 184 p.

6. Sciences humaines

ANCELIN-SCHÜTZENBERGER, Anne. *Vocabulaire des techniques de groupe : formation, psychothérapie, dynamique des groupes et psychodrame,* Paris, Éd. Épi, 1971, 194 p.

CASTONGUAY, Jacques. *Dictionnaire français-anglais, anglais-français de la psychologie et des sciences connexes,* Paris, Maloine, 1973, 316 p.

FOULQUIÉ, Paul. *Dictionnaire de la langue pédagogique,* Paris, Presses universitaires de France, 1971, 496 p.

FOULQUIÉ, Paul, et Raymond SAINT-JEAN. *Dictionnaire de la langue philosophique,* 2e éd., Paris, Presses universitaires de France, 1969, 800 p.

LALANDE, André. *Vocabulaire technique et critique de la philosophie,* 12e éd., Paris, Presses universitaires de France, 1976, 1301 p.

THINÈS, Georges, et Agnès LEMPEREUR. *Dictionnaire général des sciences humaines,* Paris, Éditions universitaires, 1975, 1000 p.

7. Sciences sociales

BIRON, Alain. *Vocabulaire pratique des sciences sociales,* Paris, Éditions ouvrières, 1966, 384 p.

COMITÉ D'ÉTUDE DES TERMES DE MÉDECINE. *Vocabulaire de la langue des assurances sociales et assemblées délibérantes,* Montréal, Ayerst [s.d.], 33 p.

DUVIGNAUD, Jean. *Guide alphabétique de sociologie,* Paris, Gonthier, 1972, 336 p.

GAILLARD, Philippe. *Technique du journalisme,* 2e éd., Paris, Presses universitaires de France, 1975, 128 p.

SGARD, Jean, et Michel GILOT. *Dictionnaire des journalistes, 1600-1789,* Grenoble, Presses universitaires de Grenoble, 1976, 391 p.

D. Ouvrages techniques (organisation matérielle des bureaux)

Annuaire de la mécanographie : matériel de bureau, informatique, Paris, Louis Johanet, 1972, 616 p.

BUREAU DE NORMALISATION DU QUÉBEC. *Vocabulaire relatif aux machines à additionner et à calculer : 6521-000 (29 sept. 1971) Vocabulaire relatif aux machines à dicter : 6530-000 (29 sept. 1971) Vocabulaire relatif aux machines à écrire : 6511-000 (29 sept. 1971) Vocabulaire relatif aux machines de bureau : 6500-000 (29 sept. 1971)*

CANADA, MINISTÈRE DES TRAVAUX PUBLICS. *Lexique bilingue de termes et expressions utilisés dans les bureaux/Bilingual Glossary of Terms and Expressions Used in the Office,* Hull, Approvisionnements et Services Canada, 1979, 20 p.

Catalogue de la manufacture française d'armes et cycles, Saint-Étienne, Manufrance, 1973, 840 p.

CHEVROT, J.-M., et M. SALLÉE. *Organisation des entreprises,* Paris, Dunod, 1971, 252 p.

Classement et matériel de bureau, Paris, Licet, 1974, 262 p.

GERMAIN, Jean, et Albert TURBIDE. *Bureau, classement, mécanographie : matériel et mobilier, pratique du classement et du calcul mécanographique,* 3e éd., Paris, Dunod, 1965, 171 p.

Normalisation, ameublement et outillage, tome 1, Québec, ministère de l'Éducation, Direction générale de l'équipement, 1973, p. 10-57.

POULAIN, P. *Équipements et matériels de bureau,* Paris, Foucher, 1971, 2 vol.

SCHUMANN, Régine. *Cours d'organisation et d'équipement des bureaux commerciaux,* Paris, Eyrolles, 1968, 2 fasc.

SCHUMANN, Régine. *Organisation, équipement des bureaux commerciaux,* 2ᵉ éd., Paris, Eyrolles, 1978, 168 p.

SCHUMANN, Régine. *Le matériel de bureau,* Paris, Eyrolles, 1970, 127 p.

WURMSER, L., et S. LERMISSION. *Matériels et organisation des bureaux de l'entreprise,* Paris, Foucher, 1967, 237 p.

Liste des ouvrages essentiels

BÉNAC, Henri. *Dictionnaire des synonymes,* Paris, Hachette, 1975, 1026 p.

CLAS, André, et Paul A. HORGUELIN. *Le français, langue des affaires,* 2ᵉ éd., Montréal, McGraw-Hill, 1979, 391 p.

Code typographique : choix de règles à l'usage des auteurs et des professionnels du livre, 12ᵉ éd., Paris, Syndicat national des cadres et maîtrises du livre, de la presse et des industries graphiques, 1978, 121 p.

COLPRON, Gilles. *Les anglicismes au Québec : répertoire classifié,* Montréal, Beauchemin, 1970, 247 p.

DAGENAIS, Gérard. *Dictionnaire des difficultés de la langue française au Canada,* Québec, Pedagogia, 1967, 679 p.

• DOPPAGNE, Albert. *Majuscules, abréviations, symboles et sigles,* Paris, Duculot, 1979, 104 p.

• GANDOUIN, Jacques. *Correspondance et rédaction administrative,* 7ᵉ éd., Paris, Armand Colin, 1980, 359 p.

GILBERT, Pierre. *Dictionnaire des mots nouveaux,* Paris, Hachette-Tchou, 1971, 572 p.

GREVISSE, Maurice. *Le bon usage : grammaire française avec des remarques sur la langue française d'aujourd'hui,* 11ᵉ éd., Paris-Gembloux, Duculot , Montréal, Éditions du renouveau pédagogique, 1980, 1519 p.

LACARRA, Marcel. *Les temps des verbes. Lesquels utiliser ? Comment les écrire ?,* Paris, Duculot, 1979, 96 p.

ROBERT, Paul. *Dictionnaire alphabétique et analogique de la langue française,* nouv. éd. rev., corr. et mise à jour, Paris, Société du Nouveau Littré, 1980, 2171 p.

Index des sujets traités

Index des sujets traités

Index des termes illustrés

Index des termes illustrés